Juli 2011

Paul Billheimer

Für den Thron bestimmt

Für unseren Freund Michael
zum 60. Geburtstag als
Ermutigung in Deinem Dienst
am Reich Gottes und an der
Menschheit von den

Johannes Haasen

Titel der amerikanischen Originalausgabe: *Destined for the Throne*

Die amerikanische Originalausgabe ist erschienen bei:
Bethany House Publishers, a division of Baker Book House,
6030 East Fulton Rd., Ada, MI 49301 USA.

Aus dem Amerikanischen übersetzt von Gundel Pawendenat,
überarbeitet von Detlev Simon und Dorothea Appel.

Die Bibelzitate in diesem Buch folgen, wenn nicht anderweitig angegeben, der Luther-Übersetzung (1964/65). In einzelnen Fällen wird die Einheitsübersetzung (= Einh) bzw. die Gute-Nachricht-Bibel (= GN) benutzt.

5. Auflage 2014

Umschlaggestaltung: joussenkarliczek, Schorndorf
(unter Verwendung eines Fotos von steffne/photocase.com)
Druck: cpi Books
Printed in the EU

ISBN 978-3-931025-66-3
Bestell-Nr. 147566

ASAPH, D-58478 Lüdenscheid
asaph@asaph.net – www.asaph.net

Meiner Frau,

die mir nicht nur beim Abschreiben des Manuskripts, sondern auch durch ihre wertvolle Kritik und ihre guten Vorschläge eine große Hilfe war, widme ich diese Ausgabe in Liebe.

Herzlichen Dank

an Frances Ashwell, Howard Boardman, Kellogg Maddox und John Weekley, die das Manuskript getippt und für die Veröffentlichung vorbereitet haben.

Der Autor

Paul E. Billheimer besuchte das Houghton College und die Taylor Universität und machte 1923 am Marion-College seinen Abschluß. Mit seiner Frau war er 63 Jahre lang verheiratet, sie hatten drei Kinder. 1936 begannen sie in Anderson, Indiana, eine Zeltarbeit, die so anwuchs, daß sie ein Bibel-Institut, eine christliche High School, eine christliche Tagesschule und seit 1957 eine christliche Fernsehsender einschloß.
Billheimer schrieb Bücher wie *Don't Waste Your Sorrows, Love Covers, Destined to Overcome, Destined for the Cross* und *The Mystery of God's Providence*.
Ihre späteren Lebensjahre dienten er und seine Frau beim Trinity Broadcasting Network. 1984 starb Paul E. Billheimer.

Vorwort des amerikanischen Herausgebers

Mit seiner Botschaft von der Liebe Gottes für seine Braut und von dem Sieg der Gläubigen in Christus war das vorliegende Buch schon für Tausende in aufrüttelnder Ruf zum Gebet. Paul E. Billheimer vertritt die Ansicht, daß Gottes ewige Absicht die Vorbereitung eines Volkes ist, das zu seinem Sohn passt, und so lädt er seine Leser ein, mit glaubensvollem Gebet ihrer himmlischen Berufung nachzukommen.

Vor seinem Tod äußerte Mr. Billheimer Sorge darüber, daß einige seiner Aussagen Leser des Buches zu unbiblischen, extremen Positionen geführt hatten. Diese revidierte Ausgabe, unter meiner Aufsicht so aktualisiert, daß die Ansichten des Verfassers deutlicher herausgestellt werden, unterstreicht den Unterschied zwischen Gott und seiner Schöpfung, sowohl in der gegenwärtigen Welt als auch dann, wenn wir ewig mit Christus herrschen. Hier wird auch deutlich auf das Kreuz als den Ort hingewiesen, an dem Jesu Leiden vollbracht wurde.

Ich bin überzeugt, daß diese überarbeitete Fassung Punkte klarstellt, die in der Vergangenheit für Schwierigkeiten gesorgt haben, gleichzeitig aber die ursprüngliche, kraftvolle Perspektive des Buchs ganz neu vermittelt.

Edwin Messerschmidt,
Präsident der Great Commission Foundation

Inhalt

VORWORT

Kein System, keine Philosophie und auch keine Theologie ist unanfechtbar. Die sich gegenüberstehenden Theologieauffassungen des Calvinismus und Arminianismus sind ein Beispiel dafür. Jeder hat seinen ehrlichen Apologeten und seinen ebenso aufrichtigen Antagonisten. Und doch wird in großen Kreisen jede Auffassung als ein existenzberechtigtes System der Wahrheit akzeptiert und empfohlen.

Im Bereich der Philosophie bietet kein einziges System eine angemessene Erklärung für das Universum. Es kann letztlich keiner eine befriedigende Begründung für die Bedeutung der Existenz und ihre Interpretation geben. Die Wissenschaft ist diesbezüglich mit ihren enormen Beiträgen in Weltangelegenheiten und zur Bereicherung des Lebens im allgemeinen nur eine geringe Hilfe. Losgelöst von der Bibel, stellt das Universum ein unergründliches Geheimnis dar. Nur die Bibel gibt die einzig befriedigende Antwort auf die seit alters gestellten Fragen „Wer ist der Mensch?“, „Woher kommt er?“, „Wozu lebt er?“.

Viele der auf den folgenden Seiten erläuterten Thesen zeigen eine besonders treffende und für den Verfasser überwältigende Botschaft auf, die dessen Verstand und sein Vorstellungsvermögen manchmal übersteigen will. Es mag daher nicht verwundern, wenn das Dargebotene den Leser in gleicher Weise in Erstaunen versetzt. Ich darf aus diesem Grund darum bitten, die Ausführungen sorgfältig zu prüfen.

Ich meine, daß die folgenden Seiten Wahrheiten enthalten, die besonders in die Endzeit hineinpassen. Dieses Buch soll mit dazu beitragen – und dies ist auch meine aufrichtige Bitte zu Gott –, daß sie dem geistlichen Leben des Leibes und der Braut Christi förderlich seien.

Paul E. Billheimer

Vorwort zur ersten Auflage

Ich habe das Manuskript des Buches „Für den Thron bestimmt“ von Paul E. Billheimer gelesen und wurde durch die Ausführungen und aufschlußreichen Interpretationen der Heiligen Schrift in bezug auf Gott, Lobpreis und Stellung der Gemeinde in der Welt ermutigt und herausgefordert. Jeder Christ, der zu einer tieferen Dimension als Zeuge Christi finden möchte, sollte dieses Buch nicht nur lesen, sondern auch darüber meditieren und seine Prinzipien in seinem Leben anwenden.

Dr. Billy Graham

EINLEITUNG

In den folgenden Kapiteln wird eine vollkommen neue und einzigartige Kosmologie dargeboten. Die vorherrschende These des Verfassers ist die *eine* Zweckbestimmung des Universums von Ewigkeit her, nämlich die Erschaffung und Zurüstung einer „ewigen Partnerin“ für den Sohn, die als die Braut bzw. des Lammes Weib bezeichnet wird. Weil sie den Thron des Universums mit ihrem göttlichen Geliebten und Herrn als rechtlich Gleichwertige teilen soll, muß sie für ihre königliche Rolle geschult, zugerüstet und vorbereitet werden.

Die Krone aber ist allein dem Überwinder (Offb 3,21) vorbehalten. Also muß die Gemeinde, die Braut, zur Überwindung der bösen Mächte die Kunst des geistlichen Kampfes lernen. Nur so wird sie auf die Übernahme des Thrones, welche dem Hochzeitsmahl des Lammes folgt, vorbereitet sein. Um im Kampf bestehen zu können, hat Gott der Gemeinde eine Waffe in die Hand gegeben: das Gebet des Glaubens. Er hat es nicht in erster Linie angeordnet, damit dies oder jenes in Erfüllung gehen kann, sondern er will, daß sich die Gemeinde mittels des Gebets im Überwinden der feindlichen Mächte übt. Diese Welt ist eine Werkstatt, in der die Thronanwärter ganz praktisch lernen, Satan und seine Dämonen zu überwinden. Die Gebetskammer ist die Arena, welche Überwinder hervorbringt.

Das bedeutet, daß *erlöste Menschen* über allen anderen Geschöpfen des Universums stehen. Engel sind geschaffen, nicht gezeugt. Erlöste Menschen sind beides: geschaffen und gezeugt. Sie sind gezeugt von Gott, sie sind seine Erbträger. Durch die Wiedergeburt wird ein erlöstes menschliches Wesen zum Partner der ursprünglich kosmischen Familie, zum „nächsten Verwandten“ der Dreieinigkeit.

Die Tatsache aber, daß Unendlichkeit den Schöpfer vom Geschöpf trennt, bleibt unumstößlich. Christus ist der ewige, einzige, eingeborene Sohn, „der Abglanz seiner (Gottes) Herrlichkeit“ und „das Ebenbild seines Wesens“ (Hebr 1,3). Gott hat die erlösten Menschen in eine solch hohe Stellung versetzt, daß er, wollte er sie noch mehr erhöhen, den Kreis der Gottheit sprengen würde; und das ist nicht möglich. Auf dieser Grundlage beruht das göttliche Lob in Psalm 8,6: „Du hast ihn wenig niedriger gemacht als Gott, mit Ehre und Herrlichkeit hast du ihn gekrönt.“

Die Gemeinde befindet sich durch ihre Auferstehung und Himmelfahrt mit Christus rechtmäßig bereits auf dem Thron. Durch den Einsatz der Waffen „Gebet“ und „Glauben“ bestimmt sie gerade in diesem Augenblick das Gleichgewicht der Mächte in Weltangelegenheiten. Trotz aller Schwachheit, trotz ihres jämmerlichen Versagens und trotz aller Unzulänglichkeiten ist die Gemeinde doch der gewaltigste Machtfaktor in der heutigen Welt. Die einzige Macht, die Satans Alleinherrschaft in menschlichen Angelegenheiten anfechten kann, ist die Gemeinde des lebendigen Gottes. Wenn Satan nicht Widerstand geleistet würde durch die Geisterfüllten der Kinder Gottes und durch ihr Gott wohlgefälliges Leben, „wären selbst die Säulen des Firmaments verfault und das Fundament der Erde auf Stoppeln gegründet“. „Ihr seid das Salz der Erde … Ihr seid das Licht der Welt“ (Mt 5,13-14). Wenn wir nicht den reinigenden und bewahrenden Einfluß der Gemeinde auf Erden hätten, wäre die sogenannte Kultur total verdorben; sie würde sich auflösen und verschwinden. Die Tatsache, daß die Gesellschaftsordnung trotz Satans größtem destruktivem Bemühen bis heute vor totaler Vernichtung bewahrt geblieben ist, beweist, daß wenigstens ein Überrest der Gemeinde vollmächtig wirkt und bereits die Herrschaft in Einheit mit ihrem lebendigen Herrn angetreten hat. Sie übt sich auch jetzt im Einsatz der Waffen „Gebet“ und „Glauben“, um nach Satans endgültiger Vernichtung neben Christus ihren Platz als Mitherrscherin über das gesamte Universum einzunehmen.

Die Gemeinde hat durch ihr Gebet auch einen Einfluß auf die Errettung von Menschen. Durch anhaltende gläubige Fürbitte kann sie dazu beitragen, daß die Seele des betreffenden Menschen nicht länger gegen Gott rebelliert, sondern sich dem liebevollen Werben seines Geistes öffnet und sich erretten läßt.

Ich glaube, Gott wird nicht einfach ohne die Gemeinde handeln. Denn das würde zu einem Fehlschlag seines Planes, die Gemeinde zur vollen Reife als Mitherrscherin mit dem Sohn zu bringen, führen. Gott wird sozusagen nichts ohne sie tun. – John Wesley stimmt hierin überein, wenn er sagt: „Gott tut nichts ohne unser Gebet."

Damit die Gemeinde Satan besiegen könnte, trat Gott durch die Menschwerdung in den Lauf der Menschheitsgeschichte ein.

Als Mensch ohne Sünde überwand und vernichtete er Satan rechtmäßig und machtmäßig. Alles, was Christus in der Erlösung vollbrachte, hat er für die Gemeinde getan. Er ist das Haupt der Gemeinde über alles (Eph 1,22). Sein Sieg über Satan wird der Gemeinde zugeschrieben. Obwohl Christi Triumph über Satan vollkommen ist, erlaubt Gott ihm, einen Partisanenkrieg zu führen. Gott könnte Satan schon jetzt total außer Gefecht setzen, wenn er wollte. Er hat jedoch entschieden, ihn noch gewähren zu lassen, damit sich die Gemeinde im Überwinden übe.

Beten heißt nicht, Gott anzubetteln, etwas zu tun, wozu er eigentlich gar nicht bereit ist. Es bedeutet auch nicht ein Überwinden des Widerstrebens Gottes, sondern es meint die Geltendmachung des Sieges Christi über Satan. Mit dem Gebet können wir den Himmel in Bewegung versetzen.

Golgatha hat Satan rechtmäßig vernichtet und alle satanischen Ansprüche nichtig gemacht. Gott hat den auf Golgatha errungenen Sieg in die Hände der Gemeinde gelegt (Mt 18,18 und Lk 10,17-19). Er hat ihr „die gerichtliche Vollmacht" gegeben. Sie ist die „Bevollmächtigte“. Aber diese abgetretene Vollmacht bewirkt absolut nichts, wenn sie losgelöst ist vom Gebet der gläubigen Gemeinde. Folglich steht da, wo etwas geschieht, Gebet dahinter. Eine Gemeinde ohne ein gutes, beständiges Gebetsleben bewirkt soviel wie eine religiöse Tretmühle.

Ein Gebetsprogramm ohne Glauben ist kraftlos. Das fehlende Element, das zu anhaltendem, kraftvollem Gebet notwendig ist und Satan bindet und vertreibt, ist triumphierender Glaube. Und das fehlende Element, das notwendig ist, triumphierendem Glauben Kraft zu geben, ist Lobpreis – anhaltender, zielbewußter, zuversichtlicher Lobpreis. Lobpreis ist die höchste Form des Gebets, weil es die Bitte mit dem Glauben verbindet. Lobpreis ist die Zündkerze des Glaubens. Er ist das, was benötigt wird, um starken Glauben zu erhalten; denn nur dieser macht es möglich, über den ansteckenden tödlichen Zweifel erhaben zu sein. Lobpreis ist das Reinigungsmittel, welches Glauben läutert und Zweifel im Herzen beseitigt. Das Geheimnis zu erhörlichem Gebet ist Glaube ohne Zweifel (Mk 11,23). Und das Geheimnis von Glauben ohne Zweifel ist Lobpreis, triumphierender Lobpreis, anhaltender Lobpreis, Lobpreis, der zum Leben führt. Das ist die Lösung des Problems „lebendiger Glaube und erfolgreiches Beten“.

Das Geheimnis des Erfolgs zur Überwindung Satans und zur Befähigung für den Thron liegt im wirksamen Gebet. Das Geheimnis zu wirksamem Gebet liegt im Lobpreis.

Diese und andere Thesen werden auf den Seiten dieses Buches dargelegt und näher erläutert.

Kapitel eins

Grund und Ziel des Universums: die Gemeinde

Gott ist der Herr der Geschichte

Kaum ein nichtchristlicher Historiker hat eine Vorstellung vom Sinn und Ziel der Geschichte. Er vermag wohl die wichtigsten Ereignisse und großen Persönlichkeiten unserer Geschichte aufzuzeichnen und einzugliedern, aber über deren Grund und Bedeutung weiß er kaum etwas. Diese Tatsache wird sogar von bedeutenden Historikern zugegeben. G. N. Clark sagte beispielsweise in einer Rede in Cambridge: „Es ist weder ein Geheimnis noch ein Plan in der Geschichte zu erkennen." André Maurois, französischer Biograph, Kritiker und Romanschriftsteller, meint: „Das Universum ist unwichtig. Wer hat es erschaffen? Warum leben wir hier auf diesem unbedeutenden kleinen Dreckhaufen, der im unendlichen Weltraum kreist? Ich habe nicht die geringste Ahnung und bin davon überzeugt, daß auch sonst niemand weiß, warum ..." Andere, weniger aufrichtige Experten sind gleichermaßen verwirrt in bezug auf das Warum und Wozu der Geschehnisse, die sie aufzeichnen, und der Persönlichkeiten, die sie beschreiben.

Die Existenz – für unsere Ahnen ein unergründliches Geheimnis

Die alten Griechen betrachteten die Geschichte als einen Kreis bzw. Kreislauf, wo sich alles wiederholt, ohne daß dabei ein bestimmtes Ziel verfolgt würde oder ein Grund erkennbar wäre. Das Sein bedeutete für sie ein unergründliches Geheimnis. Und diese Philosophie wird auch von den meisten modernen nichtchristlichen Chronisten vertreten.

Sie sehen keinen Zusammenhang in der Existenz. Für sie und für die Welt im allgemeinen ist Geschichte mehr oder weniger eine Aneinanderreihung von sinnlosen Krisen, ohne Zweck oder plausibles Ziel. Der Grund für ein sinnvolles Leben oder für die Existenz des Menschengeschlechts ist ihnen unbekannt. Sie wissen nicht, woher wir kommen und wohin wir gehen. Alles Sein bedeutet ein unbegreiflich großes Rätsel. Ihre Philosophie der Geschichte ist eine Philosophie der Unwissenheit, Enttäuschung und Hoffnungslosigkeit.

Das Universum – für moderne Zeitgenossen ohne Bedeutung

In der Neuzeit wurde diese Philosophie durch den Franzosen Jean Paul Sartre verbreitet. Er lehrte, jeder Mensch lebe als ein isoliertes Individuum in einer wasserdichten Kabine inmitten eines Universums, für dessen Existenz es keinen Grund gibt. Weil wir nicht wissen können, wer wir sind, woher wir kommen und wohin wir gehen, weil wir die Vergangenheit nicht verstehen und keine Hoffnung für die Zukunft haben, ist das Jetzt und Heute das Entscheidende. Nur das, was wir in diesem Moment erfassen, hat Sinn und zählt. Ferne Ziele sind ohne Bedeutung. Daher wäre es töricht und unsinnig, die Gegenwart der Zukunft zuliebe zu opfern. Aus dieser Philosophie heraus entstand die „Heute-Generation", die Generation, die nicht warten kann. Der Genuß des Augenblicks ist hier das einzig vernünftige Ziel unseres Daseins. Daher: „Lasset uns essen und trinken, denn morgen sind wir tot" (1 Kor 15,32).

Eine ganze Hochschulgeneration wurde mit der Existenzphilosophie der Zügellosigkeit, Wertlosigkeit und Hoffnungslosigkeit gefüttert. Sie antwortete – wie nicht anders zu erwarten war – mit revolutionierender Gewalttätigkeit, Raub und Brandstiftung. Sie verbreitete Tod und Zerstörung in Städten, an den Universitäten der jeweiligen Länder und auf der ganzen Welt.

Unsere Gesellschaft explodierte beinahe über Nacht und verfiel in Gesetzlosigkeit und Kriminalität, wurde aufrührerisch und mörderisch und ein Opfer des Drogenkonsums. Das war das Resultat der Philosophie der Unwissenheit von gestern und der Hoffnungslosigkeit von morgen.[1]

Die Bibel – die einzig zuverlässige Quelle

Der Historiker weiß weithin weder um Grund noch Ziel der Geschichte, weil er die einzig sichere Quelle, die Bibel, ablehnt. Für die meisten Menschen – einschließlich der Historiker – genießt in der Geschichte immer die politische Macht das größte Ansehen, die über die zahlenmäßig größte Bevölkerung regiert, über die größten Landflächen verfügt, die meisten materiellen Reserven hat und sich der stärksten militärischen Macht rühmen kann. Nach Ansicht der Mehrzahl spielt die Geschichte der Großreiche in der Vergangenheit mit ihren Führern aus Politik, Verteidigung und Wirtschaft eine wichtige Rolle. Danach scheinen die Pharaonen, Nebukadnezar, Alexander der Große, Cäsar, Karl der Große und Napoleon die eigentlichen Geschichtsmacher zu sein. Jene Regenten und ihre Nachfolger bezeichneten sich auch selbst als die Architekten des Schicksals und Former der Ewigkeit. Sie glaubten, sie beeinflußten die Geschichte am nachhaltigsten und seien am Zustandekommen von Geschehnissen maßgeblich beteiligt.

Golgatha – der wahre Kern der Geschichte

Die ganze Welt – und insbesondere ihre Historiker – hat das Ziel total verfehlt. Es gibt nur *eine* Geschichtsphilosophie, die letztlich zählt, und das ist die „biblische Philosophie“.[2]

Den Kern der Geschichte bilden nicht etwa die ehemaligen Großreiche Ägypten, Babylon, Griechenland oder Rom. Ebensowenig ihre Gegenstücke in jüngerer Zeit, also Rußland, China, die USA oder künftige Großreiche. Bei der Festlegung des Beginns unserer Geschichte muß man alle gewaltigen Reiche samt ihren großen Gestalten unbeachtet lassen. Man findet dann ein kleines Land, das die Bezeichnung „Nabel der Erde", geographischer Mittelpunkt, trägt. In diesem Land gibt es einen kleinen Hügel: Golgatha. Dahinauf stieg vor zweitausend Jahren ein Mann namens Jesus, um zu sterben. Ich behaupte, daß dieser kleine Hügel in diesem kleinen Land den Kern der Weltgeschichte darstellt, das heißt nicht nur den Kern dieser unserer Welt, sondern auch all der unzähligen Milchstraßen und Systeme im Universum, von Ewigkeit zu Ewigkeit.

Die Gemeinde – Mitte und Ziel der Geschichte

Dieser Jesus, der am Kreuz den Spott und Hohn der Leute ertrug, existierte „*vor allen Dingen*" (Kol 1,17), das heißt sogar vor der Geschichte. Mit ihm beginnt unsere Geschichte, denn „alle Dinge sind durch das Wort (Jesus) gemacht, und ohne dasselbe (Jesus) ist nichts gemacht, was gemacht ist" (Joh 1,3). Die Geschichte, die in Jesus ihren Anfang hat, wurde und wird von ihm gestaltet und überwacht. „Er trägt das All durch sein machtvolles Wort" (Hebr 1,3 – Einh). Er regiert es, er wacht über ihm, er verfolgt einen Plan mit ihm. Dieser Plan ist und bleibt der bestimmende Faktor in der Geschichte. Alles in unserer Geschichte ist Teil dieses Plans. Nichts, auch nicht das Unbedeutendste, geschieht außerhalb von ihm.

Das Universum und unsere Erde wurden zu dem Zweck erschaffen, den Menschen eine passende Wohnstätte zu sein.[3]

Die Menschen wurden als Ebenbild und Gegenstück Gottes zu dem Zweck erschaffen, daß sie seinem Sohn ein Partner in Ewigkeit wären. Nach dem Sündenfall und der Verheißung der Erlösung durch den Messias wurde das messianische Gottesvolk geboren und erzogen, um den Messias einzuführen. Der Messias aber kam zu dem Zweck, seine Gemeinde ins Leben zu rufen und so seine Braut zu empfangen. Daher ist die Gemeinde, der herausgerufene Leib der erlösten Menschheit, die Mitte und das Ziel nicht nur der Weltgeschichte, sondern auch all dessen, was Gott in allen Bereichen von Ewigkeit her getan hat und tut.

Wenn das wahr ist, dann ist die gesamte Geschichte heilig. Es gibt keine „weltliche Geschichte". Das ganze Universum ist an Gott und sein Vorhaben, die Gemeinde zu seinem ewigen Verbündeten zu machen und sie herauszurufen, gebunden. Dazu hat er es erschaffen, denn alle Dinge gehören der Gemeinde und sind zu ihrem Nutzen (1 Kor 3,21-23). *Als Herr der Geschichte* lenkt Gott alle Geschehnisse, nicht nur auf Erden, sondern in allen Sphären. Sie sind Teil in seinem Plan. Nicht Engel noch Erzengel, sondern die Gemeinde, seine auserwählte Braut, soll zur Reife und schließlich zur Thronerhebung mit dem Sohn gebracht werden.[4] Diese herrliche Wahrheit faßte Paulus in die Worte: „Wir wissen aber, daß denen, die Gott lieben (der Gemeinde), alle Dinge (der ganze Kosmos) zum Besten dienen (mitwirken), denen, die nach dem Vorsatz berufen sind (der Braut)" (Röm 8,28).

Romanze im Universum

Zweifelsohne spielt sich inmitten des Universums eine „Liebesgeschichte" ab, die der Schlüssel zu aller Existenz ist. Von Anbeginn lag es in Gottes Absicht, seinem Sohn einen ständigen Partner zu geben, so wie Johannes in der Offenbarung als von der Braut, des Lammes Weib (Offb 21,9), schreibt. Johannes läßt uns außerdem wissen, daß dieser ständige Partner nach Gottes ewigem Plan nach dem Hochzeitsmahl des Lammes mit dem Bräutigam auf dem Thron sitzen soll (Offb 3,21). Das also ist das Endziel, die eigentliche Absicht für den Geschichtsablauf.

Nach Römer 8,28 liegt darin der alleinige Grund für Gottes schöpferisches Handeln. Wir erfahren, daß alles Handeln Gottes von Anfang an im Blick auf die Gemeinde geschah. Nur aufgrund dieser Tatsache können wir hinter das Geheimnis um die Geschichte sehen und es verstehen.[5] Von einem nichtchristlichen Historiker kann ein solcher Durchblick nicht erwartet werden. Sollte aber unser Verständnis von Röm 8,28 richtig sein, dann ist diese Schöpfung für die Gemeinde da; für sie handelt Gott (Ps 105).

Darum ist es im Grunde nicht so wichtig, ob Pharao, Nebukadnezar, Darius, Sanherib und andere erhöht wurden. Wir lesen zu diesem Thema in Jes 10,5-14. Die Bedeutung dieser Könige war vollkommen abhängig von Gottes Absicht mit ihnen im Zusammenhang mit dem messianischen Volk, welches den Messias hervorbringen sollte. Eines Tages werden wir verstehen, daß nicht nur die in der Bibel niedergeschriebenen Beispiele, sondern auch alle anderen Ereignisse von Ewigkeit auf das eine Ziel hin geplant und gelenkt wurden: um die Braut zu gewinnen und vorzubereiten.

In seinem Handbuch zur Bibel weist Henry Halley darauf hin, daß „... das Alte Testament über eine Nation berichtet, das Neue Testament aber über einen Menschen. Der Staat (Israel) wurde gegründet und von Gott erhalten, um der Welt den Menschen (Jesus) zu bringen."

Begrenzte Annahme eines unbegrenzten Sühnopfers

Was aber war der Grund seines Kommens? Er kam, um zu sterben – und um aufzuerstehen (Joh 12,27). Und wozu? „Er starb und stand auf zur Erlösung der Welt", lautet normalerweise die Antwort auf die Frage.

Es wird Sie vielleicht überraschen, wenn ich Ihnen sage, daß mir diese Antwort zu einfach ist. Es stimmt, daß der Tod Jesu und seine Auferstehung aller Menschheit die Erlösung brachte. Nicht eine Seele des Adam-Geschlechts ist ausgeschlossen. „Und derselbe ist die Versöhnung für unsere Sünden, nicht allein aber für die unseren, sondern auch für die der ganzen Welt" (1 Joh 2,2). Alle, die jemals geboren wurden oder noch geboren werden, vom Anfang der Menschheitsgeschichte bis hin zum Anbruch der Ewigkeit, sind in Gottes allumfassende erlösende Liebe eingeschlossen. Aber Gott wußte auch von Anfang an, daß nur ein Teil dieses universale Angebot annehmen würde. Jesus selbst weist in Mt 7,13-14 klar darauf hin: „Geht ein durch die enge Pforte. Denn die Pforte ist weit, und der Weg ist breit, der zur Verdammnis führt, und ihrer sind viele, die darauf wandeln. Und die Pforte ist eng, und der Weg ist schmal, der zum Leben führt, und wenige sind ihrer, die ihn finden."

Wenn Gott von Ewigkeit her wußte, daß das „Nettoresultat" seines schöpferischen Wirkens – einschließlich des Erlösungsplans – nur ein verhältnismäßig geringer Teil sein wird, dann mag daraus folgern: Dieser kleinen Gruppe gilt Gottes ganzes Denken, Planen, Wirken.[6] Folglich wurde das Universum um dieser Gruppe willen erschaffen. Ihretwegen wurden die Bewohner der unsichtbaren Welt ins Dasein gerufen (Hebr 1,14). Ihretwegen wurde das Erdreich gegründet, und ihretwegen wurde das Adam-Geschlecht geboren. Um sie zu besitzen, trat Gott selbst in den Lauf der Geschichte ein, dadurch, daß er Mensch wurde. Diese kleine Gruppe heißt Gemeinde, Braut, Weib des Lammes (Mt 16,18; Offb 21,9).[7]

Die Braut – das „Endprodukt" der Zeitalter

Kommen wir zum letzten „Beweis" unserer Aussage.

Wenn jemand das Warum und Wozu der Geschichte kennen möchte, muß er aufs Ende sehen, auf das Endresultat.[8] Weil Prophezeiung im voraus geschriebene Geschichte ist, finden wir das letzte Kapitel der Geschichte im Buch der Offenbarung. Wenden wir uns den letzten Seiten zu: Was wird das Endprodukt der Zeitalter sein? Einzig und allein der ständige Partner des Gottessohnes. Das Endresultat und höchste Ziel alles Seins von Ewigkeit zu Ewigkeit, das Endprodukt aller Zeiten ist die fleckenlose Braut Christi. Sie ist es, die am Hochzeitsmahl des Lammes in Glückseligkeit vereint an der Seite des Bräutigams auf dem Thron des Universums sitzen wird. Sie wird mit ihm in einem Königreich herrschen und regieren, das sich ständig vergrößern wird. Der Grund für Jesu Menschwerdung war letztlich, seine Geliebte in Besitz zu nehmen (Offb 19,6-9).

Die Gemeinde ist der Schlüssel zur Geschichte. Die Gemeinde, im Blut gewaschen und unbefleckt, ist die Mitte, der Grund und das Ziel für Gottes gewaltige Schöpfung. Deshalb ist die Geschichte nur Dienerin der Gemeinde. Die Völker der Welt sind wie Marionetten, die Gott für die Ziele mit seiner Gemeinde einsetzt (Apg 17,26). Die Schöpfung dient keinem anderen Zweck. Die Geschichte hat keinen anderen Grund. Schon vor Grundlegung der Welt bis hin zum Anbruch ewiger Zeiten war und ist es Gottes Plan, daß am Ende ein großartiges Ereignis stattfinden soll, nämlich die glorreiche Hochzeit seines Sohnes, das Hochzeitsmahl des Lammes.

Die himmlische Hochzeit und die Erfüllung des ewigen Planes Gottes

Gott sah, daß es für seinen Sohn nicht gut war, allein zu sein. Wie bei Adam. Von Anfang an lag es in Gottes Absicht, seinem Sohn eine ständige Gefährtin zu geben. Sie sollte mit ihm auf dem Thron des Universums sitzen.[9] „Fürchte dich nicht, du kleine Herde! Denn es ist eures Vaters Wohlgefallen, euch das Reich zu geben" (Lk 12,32). „Wer überwindet, dem will ich geben, mit mir auf meinem Throne zu sitzen, wie ich überwunden habe und mich gesetzt mit meinem Vater auf seinen Thron" (Offb 3,21).

Wem ein Reich übergeben wird, der hat mehr als nur königliche Prinzipien und Ethik ein- und durchzuführen; der ist König geworden und hat Macht über ein Königreich. Und genau das ist Gottes großartiges Ziel mit seiner Gemeinde. In 1 Kor

6,2-3 bekommen wir es von Paulus beglaubigt und bestätigt: „Wisset ihr nicht, daß die Heiligen die Welt richten werden? ... Wisset ihr nicht, daß wir über Engel richten werden?“ Das ist ein Angeld von dem, was Jesus meint, wenn er sagt: „Ich habe ihnen gegeben die Herrlichkeit, die du mir gegeben hast“ (Joh 17,22). Das Königreich und Regiment ist keine wertlose, leere, symbolische oder sinnbildliche Sache. Es ist kein Phantasiegebilde. Die Gemeinde, die Braut, der ständige Partner soll mit ihm auf seinem Thron sitzen. Wenn sein Thron besteht, dann ist auch der Thron der Braut nicht bloße Einbildung. Sie soll an Christi Herrlichkeit teilhaben (Röm 8,17).

Wir wissen nicht, warum es dem Vater gefällt, der kleinen Herde das Königreich zu geben. Wir wissen nicht, warum Christus seinen Thron und seine Herrlichkeit mit den Erlösten teilen will. Wir wissen nur, daß es so ist und daß es ihm gefällt, so zu handeln.

Deshalb ist alles, was von Anbeginn geschah, bis zum Hochzeitsmahl des Lammes, einleitend und vorbereitend. Danach läuft für alle Zeiten Gottes Programm ab. Gott ist also quasi nicht bereit, seine von alters her besten und endgültigen Pläne durchzuführen, bevor nicht die Braut mit ihrem göttlichen Geliebten und Herrn auf dem Thron sitzt. Bis dahin wird das gesamte Universum, unter der Kontrolle und dem Regiment des Sohnes, von Gott zu dem einen Zweck gelenkt: die Braut vorzubereiten und zuzurüsten.

Gott ist wahrlich der Herr der Geschichte!

Kapitel zwei

Gottes Ziel: die Gemeinde auf höchster Ebene

Erlöste Menschen allem übergeordnet

Aus dem vorangegangenen Kapitel wird deutlich, daß erlöste Menschen eine völlig einzigartige Stellung im Universum haben. Damit sei die Position oder Herrlichkeit der Engel keineswegs abgewertet bzw. abgeschwächt. Die Engel sind in der Tat unbeschreiblich schön und majestätisch, überaus mächtig und über die Maßen intelligent. Sie herrschen in himmlischen Sphären von unermeßlicher Größe und unfaßbarer Pracht. Ihre außerordentliche Stellung wird noch daran deutlich, daß sie den Thron des Allmächtigen umgeben und den Königshof des Königs aller Könige bilden. Doch wie erhaben sie auch seien, es wird der noch so unbedeutende Mensch, der durch das Blut Jesu erlöst ist, über ihnen allen stehen. Er wird einen höheren Rang bekleiden als der höchste Engel vor dem Thron des Allmächtigen.

Gottes Erniedrigung in der Fleischwerdung

Gott hat die Menschen, die er ursprünglich nach seinem Bilde geschaffen hat und die durch das Blut Jesu erlöst sind, durch einen göttlich-genetischen Vorgang, die Wiedergeburt, über alle Kreatur gestellt. „Denn er nimmt sich ja nicht der Engel an, sondern der Kinder Abrahams nimmt er sich an" (Hebr 2,16). Gott konnte, wie immer er sich auch in der Natur offenbaren mag, niemals in Engeln Gestalt annehmen, weil sie nicht nach dem vollkommenen Ebenbild Gottes erschaffen wurden.[1] Keine andere Kreatur besitzt annähernd die Eigenschaften, die ein Mensch besitzt und durch die Gott sich „ausdrücken" kann. Nur der Mensch besitzt die Natur, in der Gott sich verwirklichen kann.

Er erniedrigte sich sozusagen in der Fleischwerdung. Dadurch hat er das Menschengeschlecht gewürdigt und die Erlösten in den denkbar höchsten Stand versetzt.

Engel sind erschaffen, nicht gezeugt

Da Engel nicht nach Gottes Ebenbild erschaffen sind und Gott deshalb in ihnen nicht leibhaftig werden kann, können gefallene Engel auch nicht erlöst werden. Engel können niemals Mitglieder der Gott-Familie werden. Sie sind erschaffene, nicht gezeugte Wesen; daher können sie auch nicht Blutsverwandte des Sohnes Gottes sein.

Kein einziger Engel wird jemals der Brautschaft angehören. Dieses Vorrecht und diese Sonderstellung bleibt allein den erlösten Menschen vorbehalten.

Oder welcher Engel konnte je sagen: „Seht, welch eine Liebe hat *uns* der Vater erzeigt, daß wir Gottes Kinder sollen heißen"? Oder: „Wir wissen aber, wenn es erscheinen wird, daß wir ihm gleich sein werden" (1 Joh 3,1-2)? In Hebr 2,11 heißt es: „Denn weil sie alle von *einem* kommen, beide, der da heiligt und die da geheiligt werden, darum schämt er sich auch nicht, sie Brüder zu heißen." Zu welchem Engel hat er jemals gesagt: „Du bist mein Bruder" oder „meine Schwester"? Das heißt: Wir sind alle gleicher Abstammung, wir sind alle von demselben Vater gezeugt (Mt 12,48-50). Hat er auch jemals von den Engeln gesagt, was er von den Jüngern sagte: „... auf daß sie alle eins seien, gleichwie du, Vater, in mir und ich in dir; daß auch sie in uns seien, damit die Welt glaube, du habest mich gesandt. Und ich habe ihnen gegeben die Herrlichkeit, die du mir gegeben hast, daß sie eins seien, gleichwie wir eins sind, ich in ihnen und du in mir, auf daß sie vollkommen eins seien und die Welt erkenne, daß du mich gesandt hast und liebst sie, gleichwie du mich liebst" (Joh 17,21-23)? Hat Paulus jemals von den Engeln geschrieben, was er von der Gemeinde schrieb, nämlich daß sie sein Leib und er ihr Haupt sei, „die Fülle des, der alles in allem erfüllt" (Eph 1,23)? Hat Paulus etwa von den Engeln behauptet: „(Ihr) seid Glieder seines Leibes" (Eph 5,30)?

Die Erlösten – Partner der Gottheit

Das ist aber lange nicht alles. Lesen wir, was uns die Heilige Schrift noch zu sagen hat:

1 Kor 6,17 läßt uns wissen: „Wer aber dem Herrn anhangt, der ist *ein* Geist mit ihm." Dieses Anhangen meint nicht eine bloß formelle, zweckbestimmte oder idealistische Vereinigung bzw. Beziehung. Es ist eine organische Einheit, eine „organische Beziehung von Persönlichkeiten" (Sauer). Durch die Wiedergeburt werden wir wahrhaftige Partner der ursprünglichen kosmischen Familie (Eph 3,15). Wir sind tatsächlich Kinder Gottes (1 Joh 3,2), „Teilhaber der göttlichen Natur" (2 Petr 1,4), von Gott geboren (1 Joh 5,18; 1 Petr 1,3.23). Durch die Wiedergeburt – und das sage ich in bewußter Ehrfurcht – werden wir zu „nächsten Angehörigen" der Dreieinigkeit. Daß diese wiedergeborenen Menschen eine höhere Stellung einnehmen als jegliche anderen erschaffenen Wesen, bestätigt Paulus mit seiner eindringlichen Frage in 1 Kor 6,2- 3 (Einh): „Wißt ihr denn nicht, daß die Heiligen die Welt richten werden? ... Wißt ihr nicht, daß wir über Engel richten werden?"

Die neue Art

Hier haben wir es mit einer vollkommen neuen, einzigartigen Wesensart zu tun. Man könnte sie als die „neue Art" bezeichnen. Es gibt sie kein zweites Mal im Reich der Unendlichkeit. Sie entspricht der Art, wie Gott sie sich vorstellte, als er die Welt ins Dasein rief. Paulus bezeichnete sie als „den neuen Menschen" (Eph 2,15), die „neue Menschheit", die durch die Wiedergeburt die Elite des Universums werden soll. Sie bildet ein neues und einzigartiges Königtum, eine neue Hierarchie, die auch die Braut darstellt, des Lammes Weib. Diese „neue Art“ ist dazu ausersehen, Mit-Regent, Mit-Herrscher, Mit-Verwalter zu sein. Durch die Erlösung und durch die Vermählung mit dem König aller Könige hat sie als dessen Partner ein Anspruchsrecht auf den Thron.

Ein angeborenes Familiengeschlecht

Die Tatsache aber, daß Unendlichkeit den Schöpfer vom Geschöpf trennt, bleibt unumstößlich. Christus ist der ewige, einzige, eingeborene Sohn, „der Abglanz seiner (Gottes) Herrlichkeit“ und „das Ebenbild seines Wesens“ (Hebr 1,3). Gottes Plan sah jedoch von Ewigkeit her ein eigenes Familiengeschlecht vor. Es sollte von ihm nicht nur erschaffen, sondern auch aus ihm selber hervorgegangen sein, von ihm gezeugt sein. „Denn in ihm hat er uns erwählt vor der Erschaffung der Welt ... er hat uns aus Liebe im voraus dazu bestimmt, seine Söhne zu werden durch Jesus Christus“ (Eph 1,4 Einh; s. auch Eph 5,25-27). Um dieses persönliche organische Familienverhältnis zu erhalten, hatte Gott einen großartigen und weisen Plan – die Schöpfung und Erlösung durch die Wiedergeburt –, um viele Kinder zur Herrlichkeit zu bringen (Hebr 2,10).

„Gott hat alle, die er ausgewählt hat, dazu bestimmt, seinem Sohn gleich zu werden. Denn als der Auferstandene soll er der erste unter vielen Brüdern sein“ (Röm 8,29 GN). Mit anderen Worten: Christus ist das Musterbild, welchem alle anderen Söhne nachgeschaffen sind. In Joh 1,12-13 lesen wir, daß unsere Erlösung erwirkt wurde, damit durch diese einzigartige und effektive Methode Kinder Gottes geboren würden. Danach sollen diese „Kinder“ Schritt für Schritt geheiligt und zur Herrlichkeit gebracht werden. „Wie viele ihn aber aufnahmen, denen gab er Macht, Gottes Kinder zu werden, die an seinen Namen glauben, welche nicht von dem Geblüt noch von dem Willen des Fleisches noch von dem Willen eines Mannes, sondern von Gott geboren sind“ (Joh 1,12-13). Das ist ein bestimmter Hinweis auf zwei gleich effektive Methoden – eine menschliche und eine göttliche. In und durch Christus allein verwirklicht und erfüllt Gott sein väterliches Verlangen nach einer eigenen Familie. Ohne diesen Plan wäre Gottes Familienbeziehung für immer auf die Dreieinigkeit begrenzt geblieben.

Fürsten des Reiches

Wer schon einmal am Fließband gearbeitet hat, der weiß, daß ein Modell zuerst von Hand gemacht und dann geprüft werden muß, bevor es zur Produktion am Fließband gelangt. Er weiß auch, daß am Fließband exakte Duplikate bzw. perfekte Kopien des Originals produziert werden sollen. Genau das ist auch Gottes Plan. Durch die Wiedergeburt bringt er unsere Erlösung und schafft dadurch eine völlig neue und einmalige Art. Wir sollen Ebenbilder seines Sohnes sein, mit welchen er seine Herrlichkeit und Herrschaft teilen wird. So wird er eine königliche Nachkommenschaft mit leitenden und verwaltenden Mitarbeitern für sein ewiges Königreich bilden.

Obwohl zwischen dem ewigen Sohn Gottes und den Kindern, die in die Familie hineingeboren werden, ein riesiger Unterschied besteht, läßt sich doch als Resultat der Wiedergeburt an ihrem Erbgut erkennen, daß sie seine wahren Blutsbrüder sind. Nach 1 Joh 3,2 sind sie göttlicher Abstammung und daher Blutsbrüder des Sohnes Gottes. Christus ist der göttliche Prototyp, dem die „neue Art“ nachgebildet wird. Die Kinder Gottes sollen eine exakte Nachbildung Jesu sein, echte Genotypen, und zwar in dem Maß, wie es einem „Endlichen“ möglich ist, dem „Unendlichen“ zu gleichen. Als von ihm gezeugte Söhne sind sie allen anderen Kreaturen übergeordnet. Sie sind so sehr erhöht, daß über ihnen nur noch die Dreieinigkeit selbst steht. Obwohl Christus der einzige und eingeborene Sohn Gottes ist, behält er seine Herrlichkeit nicht für sich; ja, er hat erklärt: „Und ich habe ihnen gegeben die Herrlichkeit, die du mir gegeben hast" (Joh 17,22). Daher werden die Erlösten seine Herrlichkeit, seine Herrschaft und seine Macht als verantwortliche wahre Fürsten des Reiches mit ihm teilen.

„Wenig niedriger als Gott" (Ps 8,6)

Gott hat die erlösten Menschen in eine solch hohe Stellung versetzt, daß er, wollte er sie noch mehr erhöhen, den Kreis der Gottheit sprengen würde; und das ist nicht möglich.

In dem Geliebten sind wir in den Schoß des Vaters aufgenommen (Joh 1,18; Eph 1,5; Joh 17,23). Wie könnten wir auch in noch größere Nähe gebracht werden, als wir es als Söhne Gottes sind, die gezeugt sind durch Gott selbst als vollkommene Blutsbrüder des Gottessohnes, als Glieder seines Leibes, von welchem er das Haupt ist, und als Geist von seinem Geist?! Über dieses Geheimnis schreibt Rees Howells:

„Sehr nah, so nah bei Gott,
ich kann nicht näher sein.
Denn durch seinen Sohn bin ich so nah
wie der Sohn selbst."

Darüber hat sich schon der Dichter des 8. Psalms (V. 5-6) Gedanken gemacht: „Was ist der Mensch, daß du seiner gedenkst, und des Menschen Kind, daß du dich seiner annimmst (in der Menschwerdung)? Du hast ihn wenig niedriger gemacht als Gott."

Größenwahn?

Wenn wir behaupten, Gott habe uns so sehr geadelt, daß wir nur „wenig niedriger" gemacht sind als Gott, müssen wir uns dann nicht die Anklage gefallen lassen, wir seien dem Größenwahn verfallen, der Übertreibung oder gar der Gotteslästerung?

Nein, denn Gott hat sich der menschlichen Sprache bedient und ist bis an ihre Grenzen gestoßen, um uns seinen grandiosen Plan mit den Erlösten zu offenbaren. Es ist ja ein von ihm inspiriertes Wort und daher keine Übertreibung. „... Was kein Auge gesehen hat und kein Ohr gehört hat und in keines Menschen Herz gekommen ist, was Gott bereitet hat denen, die ihn lieben“ (1 Kor 2,9).

Gottes Plan mit uns ist so unfaßbar, daß Paulus sich veranlaßt sah, so für uns zu beten: „Er öffne euch die Augen, damit ihr das Ziel seht, zu dem ihr berufen seid. Er lasse euch erkennen, wie reich er euch beschenken will und zu welcher Herrlichkeit er euch ... bestimmt hat“ (Eph 1,18 GN). Paulus erkannte, daß uns nur der Heilige Geist zeigen kann, wie sehr Gott die Erlösten erhöht, indem er sie zu seinen „nächsten Angehörigen“ macht. Nur der von Gott geschenkte Glaube erahnt die Bedeutung des Psalmwortes „wenig niedriger als Gott“.

Nicht bloße Einbildung

Obwohl die inspirierten Worte der Bibel klar und eindeutig sind, will sie unser Verstand oft kaum fassen und ist versucht, sie als Einbildung, als bloß sinnbildlich oder gleichnishaft gebraucht einzustufen. Durch diese Art Unglauben wird das Wort Gottes in seiner Bedeutung häufig abgeschwächt. Die Bibel aber will wortwörtlich verstanden sein, es sei denn, ihr sinnbildlicher bzw. gleichnishafter Charakter geht aus dem jeweiligen Text klar hervor. Zweifellos ist das, was sich hinter einer in der Bibel gemachten Aussage verbirgt, in Wirklichkeit von viel größerer Bedeutung, als wir Menschen es uns vorstellen können. Und doch meint die Bibel, was sie sagt, und sie wird unserem Verstand zugänglich gemacht. Wenn wir sie nicht im Glauben als himmlische Realität annehmen, berauben wir sie damit ihres Wahrheitsgehalts. Ihre Aussagen wollen aufgenommen werden, und zwar wortwörtlich und nicht, als entsprängen sie der Einbildung.

So ist auch die Stellung der Erlösten nach Gottes ewig gültiger Aussage wortwörtlich und in Wahrheit „wenig niedriger als Gott".

Zusammenhang zwischen der Erhöhung der Erlösten und dem Gebet

Vielleicht fragen sich manche, was denn die Erhöhung der Erlösten mit dem Thema Fürbitte und Gebet zu tun habe. Dazu ist folgendes zu sagen:

Das Gebet ist nicht in erster Linie Gottes Methode, seine Arbeit zu erledigen. Das Gebet ist Gottes Methode, die Gemeinde in der Überwindung gottesfeindlicher Mächte zu üben. Die Welt ist das Übungsgelände, auf dem die Thronanwärter Christi den Satan und seine Dämonen durch Gebet konkret überwinden lernen. Wir gehen, wenn wir ein Leben des Gebets führen, bei Gott sozusagen in die Lehre, die uns für die Herrschaft mit Christus in der Ewigkeit befähigen soll. Auf diese Weise üben wir uns auch im „Einsatz der Waffen". Wir lernen die Gebets- und Glaubenswaffen richtig zu gebrauchen und Christi teuer erworbenen Sieg in Anspruch zu nehmen. Welche Feinde wir in Zukunft noch zu überwinden haben, wissen wir nicht. Aber die Fähigkeit, die wir im Überwinden erwerben, ist ganz bestimmt eine Voraussetzung für unsere Regentschaft mit dem Bräutigam auf seinem Thron. „Wer *überwindet*, dem will ich geben, mit mir auf meinem Throne zu sitzen" (Offb 3,21). „Die Krone ist nur für die Überwinder" (Sauer). Und der Sieg der Überwinder ist im Gebets- und Glaubensprogramm Gottes mit uns garantiert. Die Gebetskammer ist die Arena, welche Überwinder hervorbringt.

Kapitel drei

Das Geheimnis des Gebets

„Ich suchte unter ihnen, ob jemand eine Mauer ziehen und in die Bresche vor mir treten würde für das Land, damit ich's nicht vernichten müßte; aber ich fand keinen. Darum schüttete ich meinen Zorn über sie aus, und mit dem Feuer meines Grimmes machte ich ihnen ein Ende und ließ so ihr Treiben auf ihren Kopf kommen, spricht Gott der Herr."

(Hes 22,30-31)

Gebet – ein göttliches Geheimnis

Haben Sie sich schon einmal Gedanken darüber gemacht, was es mit dem wunderbaren Geheimnis um das Gebet in Gottes Ordnung auf sich hat? Was wollte Gott eigentlich mit dem Gebet bezwecken? Ist er nicht allmächtig und unabhängig? Kann es sein, daß er irgendwelche fremde Hilfe benötigt? Unabhängigkeit ist eine seiner göttlichen Eigenschaften. Benötigt Gott etwas, das Menschen oder irgendeine Kreatur ihm geben könnte? Könnte der, der die Welt durch sein Wort erschaffen hat und durch dasselbe erhält, seine Ziele nicht auch ohne die Hilfe von uns schwachen Menschen verwirklichen? Wenn ja, *warum* hat er dann das Gebet gewollt?

Gott tut nichts ohne uns Menschen

Das Geheimnis um das Gebet wird in Hesekiel 22,30-31 gelüftet, das wir schon zu Beginn dieses Kapitels zitiert haben. Hier sehen wir Gottes Verlangen, ein gerechtes und verdientes Gericht aufhalten zu wollen. Er selbst möchte das Volk gerne verschonen. Aber seltsamerweise tut er nichts ohne die Intervention eines Menschen, eines Fürsprechers. Wenn keiner Fürsprache einlegt, kann Gott das Gericht nicht aufhalten.

Warum sollte er auf die Fürbitte eines Menschen angewiesen sein, um das Volk vor dem Gericht, welches er selbst gerne zurückhalten möchte, zu bewahren? Gott ist die allmächtige und letzte Instanz im Universum. Er selber ist der oberste Richter, der Preisrichter, die ausführende Gewalt. Wenn er das Gericht gegen sein Volk aufhalten will, wenn er das Verlangen hat, Gnade walten zu lassen, warum übt er dann seine unumschränkte Gewalt nicht aus – ganz gleich, ob ein Mensch nun in Fürbitte vor ihn getreten ist oder nicht? Der Wille Gottes steht doch über allem. Warum hat er eine Ordnung aufgestellt, die ihn sozusagen von Menschen „abhängig" macht? Begreifen wir dieses unverständliche Geheimnis?

Gottes Bitte um Gebet

Wie wichtig für Gott das Gebet ist, machen uns die vielen dringenden Einladungen zum Gebet in Gottes Wort deutlich. Gott lädt uns nicht nur ein, zu beten; er drängt uns geradezu. Er bettelt sozusagen darum, daß wir von diesem Vorrecht Gebrauch machen. Ein Übersetzer hat Mt 7,7 folgendermaßen frei wiedergegeben: „Bittet, ich bitte euch, zu bitten; suchet, ich ersuche euch, zu suchen; klopfet an, ich nötige euch, anzuklopfen."

Er lädt uns nicht nur ein und ermahnt uns zu beten, sondern er befiehlt uns auch: „Bittet den Herrn der Ernte, daß er Arbeiter in seine Ernte sende" (Mt 9,38). Er selber ist der Herr der Ernte. Es ist seine Ernte. Die Arbeiter gehören ihm. Warum sollte er dann Menschen auffordern, um Arbeiter in seine Ernte zu beten?

Gottes unbedingte Zusage seiner Antwort

Von welch grundlegender Bedeutung das Gebet in Gottes Ordnung ist, geht auch daraus hervor, daß Gott sich verpflichtet, eindeutig zu antworten. Gottes Zusage, daß er auf unser Gebet antworten wird, ist absolut verpflichtend und zeigt uns seine uneingeschränkte Macht. Sie ist wie ein Blankoscheck, der Gottes eigene rechtskräftige Unterschrift trägt. Gott reicht uns quasi sein Zepter und bittet uns, es zu gebrauchen.

Hierzu einige Beispiele: „Und was ihr bitten werdet in meinem Namen, das will ich tun“ (Joh 14,13). „Wenn ihr in mir bleibet und meine Worte in euch bleiben, werdet ihr bitten, was ihr wollt, und es wird euch widerfahren“ (Joh 15,7). „Wahrlich, wahrlich, ich sage euch: Wenn ihr den Vater etwas bitten werdet, so wird er's euch geben in meinem Namen. Bittet, so werdet ihr nehmen, daß eure Freude vollkommen sei“ (Joh 16,23-24).

Gottes Gebetsordnung ohne „Haken“

Ich bezeichne diese Zusagen als „unbedingte Verheißungen“. Das bedeutet, daß sie uneingeschränkt und bedingungslos sind. Wenn ich diese Ausdrucksweise benutze, dann meine ich damit, daß es von Gott her keine Bedingungen gibt, an die seine Verheißungen geknüpft wären. Oder anders ausgedrückt: Es gibt keine „unfairen“ Bedingungen oder Bedingungen, die ein echtes Gotteskind nicht erfüllen könnte. Daß wir in Gott bleiben und seine Worte in uns, ist eine für jeden wahrhaft wiedergeborenen Gläubigen erfüllbare Voraussetzung. Wenn dem nicht so wäre, müßten wir sagen, daß Gott einschränkt, das heißt, daß er dem Risiko, das mit einer solch vorbehaltlosen Verheißung verbunden ist, zu entgehen versucht. Und das kann er einfach nicht.

Wenn nun aber Gott bezüglich der Gebetserhörung keine Vorbehalte hat, dann sind wir für unsere Gebetslosigkeit oder unser fruchtloses Beten selbst verantwortlich. Und wenn das Bitten im Namen des Herrn Jesus nicht etwas wäre, das jeder aufrichtige Gläubige tun kann, dann hätte Gott wiederum Vorbehalte. Doch Gott hat keine Vorbehalte. Er verhandelt aufrichtig mit uns. Also muß es wohl an unserer Lässigkeit im Gebetsleben liegen, wenn die Antwort auf unser Beten ausbleibt.

Gottes Gebetsanordnung hat keinen „Haken“. Von seiner Seite aus ist alles klar. Obwohl seine Verheißungen stets an seinen Willen geknüpft sind, bedeutet das keineswegs eine Einschränkung, denn ein gläubiges Gotteskind kann ja nichts anderes wollen, als daß Gottes Willen geschieht. Mit anderen Worten: In Gottes „Vertrag“ gibt es nichts Kleingedrucktes.

Die Gemeinde als ausführendes Organ des göttlichen Willens

Daher ist das Zepter Gottes an die erlöste Menschheit ein faires Angebot. Es ist ein Angebot mit bester Absicht. Ich glaube, durch das Gebet bietet Gott dem erlösten Menschen die Möglichkeit zu *vollkommener* Partnerschaft mit ihm (Gott) selber. Das soll nun aber nicht heißen, daß wir göttliche Entscheidungen zu treffen haben, sondern daß wir Entscheidungen im menschlichen Bereich in die Tat umsetzen sollen. Es ist Gottes Sache, in irdischen Angelegenheiten zu entscheiden, und zwar unabhängig von irgend jemand oder irgend etwas und so, wie er es will. Doch die Verantwortung und Vollmacht zur Durchführung und Überwachung solcher Entscheidungen hat Gott – wie ich sehe – auf die Schultern seiner Gemeinde gelegt.

„Ich sage dir auch: Du bist Petrus, und auf diesen Felsen will ich bauen meine Gemeinde, und die Pforten der Hölle sollen sie nicht überwältigen.[1] Ich will dir des Himmelreichs Schlüssel geben, und alles, was du auf Erden binden wirst, soll auch im Himmel gebunden sein, und alles, was du auf Erden lösen wirst, soll auch im Himmel los sein“ (Mt 16, 18-19). Diese Verheißung, die auch der Gemeinde allgemein gilt, erscheint noch einmal in Mt 18,18: „Wahrlich, ich sage euch: Was ihr auf Erden binden werdet, soll auch im Himmel gebunden sein, und was ihr auf Erden lösen werdet, soll auch im Himmel los sein.“ – „Sehet, ich habe euch Vollmacht gegeben, zu treten auf Schlangen und Skorpione, und über alle Gewalt des Feindes; und nichts wird euch schaden" (Lk 10,19). „Gleichwie mich der Vater gesandt hat, so sende ich euch ... Welchen ihr die Sünden erlasset, denen sind sie erlassen; und welchen ihr sie behaltet, denen sind sie behalten" (Joh 20,21.23).

Gott bevollmächtigt seine Gemeinde

In seiner Auslegung zu Joh 20,21-23 zur Ostersonntagspredigt am 14. April 1968 sagte Dr. Wilbur T. Dayton u. a.: „Nachdem er (Jesus) nun nicht mehr leibhaftig gegenwärtig ist, müssen seine Nachfolger seine Repräsentanten sein. Sie müssen seinen Platz einnehmen. Dies ist der Auftrag der Apostel ebenso wie auch der unsere. Wir sind Gottes Stellvertreter, die die rechtskräftige Vollmacht besitzen, seinen Befehl auszuführen."

„Gleichwie mich der Vater gesandt hat, so sende ich euch" kann nicht weniger bedeuten, als daß wir seine Abgeordneten sind, die autorisiert sind, seinen göttlichen Willen und Plan durchzuführen. Der Chef überträgt dem Abgeordneten seine Amtsvollmacht und befugt ihn damit, an seiner Statt zu handeln.

Warum?

Warum, so fragen wir, hat aber nun Gott das Gebet zu einer Voraussetzung seines Wirkens gemacht? Warum hat er der gefallenen, jedoch auch erlösten Menschheit die Mitverantwortung für die Durchführung und Überwachung göttlicher Instruktionen in irdischen Angelegenheiten übertragen? Warum will er in dieser Welt die Mitarbeit seiner Gemeinde haben?

*Obwohl wir mit Recht den römischen Gedanken, der Papst sei Gottes Abgesandter auf Erden, verwerfen – haben wir es nicht doch versäumt, in der ganzen Vollmacht, die Gott seinem mit ihm verbundenen Leib in der Welt übertragen hat, zu handeln? Diese Vollmacht zur Erfüllung des Willens und der Verwirklichung der Entscheidungen Gottes in irdischen Angelegenheiten kommt nur durch das Gebet, so wie Gott es angeordnet hat, zum Tragen.

Welche Erklärung gibt es für solch einen Plan? Warum hat Gott es so und nicht anders gewollt?

Beten – ein Vorrecht, das die Erlösten auszeichnet

Gott hatte etwas außergewöhnlich Großes vor, als er das Gebet einsetzte. Es war von Anbeginn der Schöpfung des Universums und des Menschengeschlechts nach Gottes Plan, einen ewigen Gefährten für seinen Sohn zu finden. Diese Tatsache ist Teil des Geheimnisses, das der Epheserbrief – besonders Kapitel 5 – enthüllt. Dieses Kapitel erklärt uns Gottes menschlichen und göttlichen „Vermählungsplan". In Vers 32 läßt uns Paulus eindeutig wissen, daß die „Heiratskandidaten" Christus und seine Gemeinde sind.[2] Nach Gottes ewigem Vorhaben soll die Gemeinde, Christi ewige Gefährtin, eine gewaltige Stellung im Universum innehaben: der Gottheit selbst unmittelbar untergeordnet. Sie wird als Braut des Sohnes Gottes an der Weltherrschaft teilhaben. „Wißt ihr denn nicht, daß die Heiligen die Welt richten werden? ... Wißt ihr nicht, daß wir über Engel richten werden?" (1 Kor 6,2-3 Einh).

„Dulden wir, so werden wir mitherrschen" (2 Tim 2,12). „Und wer da überwindet und hält meine Werke bis ans Ende, dem will ich Macht (Vollmacht) geben über die Heiden" (Offb 2,26). „Wer überwindet, dem will ich geben, mit mir auf meinem Throne zu sitzen, wie ich überwunden habe und mich gesetzt mit meinem Vater auf seinen Thron" (Offb 3,21).

Diese ewige Gefährtin sind die durch das Blut Christi erlösten Menschen. Weil sie mit ihrem Geliebten und Herrn einst auf dem Thron des Universums sitzen werden, sollen sie für ihre königliche Rolle vorbereitet und ausgebildet werden.

Beten heißt, sich auf die kommende Herrschaft vorbereiten

Dadurch, daß Gott der Gemeinde Vollmacht erteilt hat, seine Entscheidungen zu verwirklichen und seinen Willen auf Erden in die Tat umzusetzen, befindet sie sich in der Lehre, um sich auf die Herrschaft mit Christus in der Ewigkeit vorzubereiten. Durch das Gebet in der Stille bewirkt die Gemeinde, daß göttliche Entscheidungen in irdischen Angelegenheiten zur Durchführung kommen; gleichzeitig übt sie sich so auch in der Mitregentschaft über Christi Königreich. Sie muß die Technik der geistlichen Kriegsführung erlernen und das Überwinden böser Mächte, um nach dem Hochzeitsmahl mit dem Lamm Gottes den Thron besteigen zu können.

Zur Erlernung der Überwindungstechnik hat Gott der Gemeinde das Gebet gegeben. Um sich darin üben zu können, gab er ihr Macht zur Durchsetzung seines Willens hier auf Erden. Zur Bildung des Charakters und des Know how, das sie als künftige Mitregentin haben muß, hat Gott der Gemeinde Vollmacht und Verantwortung übertragen, seinen Willen auszuführen und über die Durchführung; einer Entschlüsse in irdischen Angelegenheiten zu wachen.

Wie oft die *Erde* als ihr Einsatzgebiet genannt wird, zeigen etwa folgende Verse: „Was ihr auf *Erden* binden werdet …"; „… was ihr auf *Erden* lösen werdet …"; „Wo zwei unter euch eins werden auf *Erden* …" (Mt 18,18-19). Durch diese Vollmacht wird ihr die höchste Auszeichnung verliehen, ja sie wird über alle erschaffenen Wesen gestellt. Kein Engel und auch kein Erzengel wird jemals diesen Rang erreichen; denn nicht die Engel, sondern einzig und allein die erlösten Menschen wurden durch ihre einzigartige Erschaffung, nämlich nach dem Ebenbild Gottes, in die Lage versetzt, Braut werden und mit dem Bräutigam auf dessen Thron sitzen zu können.

Gottes Plan von Anbeginn an: höchster Rang für den Menschen

Es mag sich vielleicht respektlos anhören, und doch ist es wahr, daß Gott die erlöste Menschheit in der göttlichen Ordnung nicht noch mehr erheben kann, ohne dadurch die Gottheit zu verletzen. Wir müssen wissen, daß die Unendlichkeit den Schöpfer vom Geschöpf trennt. Es lag jedoch von Anfang an in Gottes Absicht, durch Jesus Christus diese Kluft vollkommen zu überbrücken, damit die erlösten Menschen schließlich zu Gliedern der Gott-Familie werden und mit Christus als dessen Braut und Gefährtin auf dem Thron des Universums sitzen zu können. Es war also kein nachträglicher Entschluß, sondern Gottes Plan von Ewigkeit her. „Denn *in ihm* hat er uns erwählt, ehe der Welt Grund gelegt war" (Eph 1,4). Gott hatte diesen Plan bereits vor der Erschaffung des Universums und des Menschen, und durch das Gebet will Gott die Braut auf ihre bevorstehende königliche Rolle vorbereiten.

Wenn die Gemeinde nicht betet, handelt Gott nicht

Deshalb drückt Gott seine Entscheidungen nie über den Kopf seiner Gemeinde hinweg durch. Er nimmt ihr die Dinge nicht aus der Hand. Das würde sein Ausbildungsprogramm sabotieren. Sie muß dieses überwältigende Gewicht der Verantwortung tragen, um zur vollen Reife zu gelangen und zu der Bereitschaft, mit ihm zu herrschen. Deshalb wartet er, wenn sie versagt. Deshalb wird er im Bereich menschlicher Erlösung nichts tun, bis sie ihre Verantwortung annimmt und ihr Vorrecht der Fürbitte nutzt. Wenn sie nicht betet, wird Gott nicht handeln, denn dies wäre das verfrühte Ende seiner Absicht, seine Gemeinde in ihr volles Potential zu bringen.

Das hatte Gott von Anfang an geplant. Er wird es jetzt nicht verderben, indem er der Gemeinde die Dinge aus der Hand nimmt. *Eher überlässt er die ganze Welt dem Untergang*. Sein Anteil an der Erlösung ist vollständig erledigt. Aber seine Gemeinde wird er nicht überfahren. Sein ewiges Ziel ist, seine ewige Gefährtin zuzubereiten, damit sie bei der Regentschaft des Universums in die volle Partnerschaft mit ihrem Herrn eintreten kann. Nur durch die Ausbildung in Gebet und Fürbitte kann sie sich qualifizieren. Nur so lernt sie, in die ewigen Ziele ihres Herrn hineinzukommen und daran teilzuhaben. Deshalb *wird Gott nichts ohne seine Gemeinde tun*.

Die Hauptaufgabe der Gemeinde besteht im Beten

Das meinte John Wesley mit seinem Satz: „Gott wirkt ausschließlich als Antwort auf Gebet." Und S. D. Gordon hat gesagt: „Das Größte, was man für Gott und für einen Menschen tun kann, ist zu beten." Oder auch: „Du kannst noch mehr tun als beten, *nachdem* du gebetet hast; aber du kannst nicht mehr tun als beten, bis du gebetet hast." Das erklärt auch Gordons Aussage: „Das Gebet ist der ausschlaggebende Treffer ... der Dienst das Einsammeln dessen, was getroffen wurde" sowie das, was E. M. Bounds über das Gebet sagte: „Gott formt die Welt durch Gebet. Je mehr gebetet wird, desto besser sieht es in der Welt aus und desto stärker ist die Macht über das Böse ... Das Gebet der Kinder Gottes ist das größte Kapital des Himmels, durch das Gott sein großes Werk auf Erden durchführt. Gott macht das Gelingen seiner Sache vom Gebet abhängig." Wenn all das stimmt, dann „sollte Beten täglich unsere Hauptaufgabe sein".

Die Gemeinde – Besitzerin des Schlüssels

Bei manchen Firmen ist ein Scheck erst dann gültig, wenn er die Unterschrift von zwei Personen trägt. Eine Unterschrift allein genügt nicht. Es müssen beide Parteien unterschreiben.

An diesem Beispiel wird meines Erachtens deutlich, wie Gott oft erst durch das Gebet und den Glauben seiner Kinder handelt. Seine Verheißungen sind seine Schecks, die mit seinem eigenen Blut unterzeichnet sind. Auf Golgatha hat er seinen Teil dazu perfekt geleistet. Aber solange nicht ein erlöster Mensch den Thronsaal des Universums betritt und im Gebet und Glauben seinen Namen neben den Namen Gottes schreibt, gehen die Verheißungen nicht in Erfüllung. Erst dann – und nicht eher – können die Schecks eingelöst werden. Wir könnten dies auch mit einem Sicherheitsfach im Tresor einer Bank vergleichen. Der Besitzer hat einen Schlüssel, und du hast einen Schlüssel. Mit einem einzigen Schlüssel kann man das Fach nicht öffnen. Aber wenn du dem Besitzer deinen Schlüssel gibst, hat er beide Schlüssel zum Aufschließen; die Tür geht auf, und alle Schätze, die in dem Fach aufbewahrt liegen, können entnommen werden.

Im Himmel liegt der Schlüssel, mit dem in irdischen Angelegenheiten Entscheidungen getroffen werden; aber wir haben den Schlüssel, mit dem solche Entscheidungen ausgeführt werden. Wenn dem so ist, bekommt das Gebet einen ganz neuen Stellenwert auf unserer Wertskala. Beten heißt nicht, Gottes Widerstand zu brechen. Es meint auch nicht etwa, ihn von etwas zu überzeugen, was er eigentlich nicht tun will. Es bedeutet, „auf Erden zu binden“, was bereits im Himmel gebunden war (Mt 16,19). Es bedeutet, seine Entscheidungen in die Tat umzusetzen. Es bedeutet, seinen Willen auf Erden durchzuführen. Der Inhalt eines richtigen Gebets entspringt dem Herzen Gottes. Er ist es, der den Menschen zum Beten inspiriert, und noch bevor das Gebet ausgesprochen ist, ist die Antwort auf jede von Gott eingegebene Bitte auch schon unterwegs. Wenn wir davon überzeugt sind, dann fällt es uns nicht mehr schwer, zu glauben, daß eine Antwort erfolgt.

Keine Zeit zum Beten

Keinem Engel wurde jemals angeboten, von diesem besonderen Vorrecht Gebrauch zu machen. Kein Erzengel wurde jemals in den Thronsaal des Universums geladen. Das blieb allein den Erlösten vorbehalten.

Viele unserer Mitmenschen sind allzu sehr mit Fernsehen, Sport, Jagen und Fischen, Baden und Segeln beschäftigt, viele sind vom Beruf oder anderem beschlagnahmt. Die Sorgen und Bequemlichkeiten dieses Lebens haben uns gefangen; wir lassen uns vom Sog der Zeit mitreißen, meinen, uns neue Autos, neue Wohnungen, neue Möbel, neue Geräte usw. leisten zu müssen, und finden dadurch keine Zeit mehr zum Beten. Jemand beschrieb einmal einen modernen Amerikaner als einen Menschen, der ein von der Bank finanziertes Auto auf einer mit Wertpapieren finanzierten Autobahn fährt, welches mit Benzin gefüllt ist, das mit einer Kreditkarte erworben wurde, um ein Kundenkonto in einem Warenhaus zu eröffnen, damit er sein mit einem Darlehen erworbenes Haus mit auf Raten gekauften Möbeln ausstatten kann. – Würde eine solche Beschreibung nicht auch auf viele moderne bekennende Christen zutreffen? Und könnte das nicht auch mit ein Grund sein, warum Christen heute so wenig Zeit zum Beten haben?

Vielleicht denken manche jetzt: Sollen wir denn gar nichts für uns behalten? Die Antwort lautet: Nein. Christus sollte uns alles in allem sein! Ihr seid nicht euer eigen. Ihr seid teuer erkauft (1 Kor 6,19-20). „Ihr esset nun oder trinket oder was ihr tut, so tut es alles zu Gottes Ehre" (1 Kor 10,31). Wenn du das neue Auto, das neue Haus, die neuen Möbel, die modernen technischen Einrichtungen, die zwei Arbeitsstellen usw. „zur Ehre Gottes" einsetzen kannst, dann ist das in Ordnung. Wenn wir aber einen solch hohen Lebensstandard nicht hätten, hätten wir dann nicht mehr Zeit zum Beten? Wenn wir dem Reisen, den Vergnügungen, den Ferien und der Erholung nicht soviel Raum geben würden, hätten wir dann nicht mehr Zeit zum Beten? Würden wir uns vom Sport und von anderen Aktivitäten nicht so hinreißen lassen, hätten wir dann nicht mehr Zeit zum Beten? Wir haben zwar mehr freie Zeit als je zuvor – aber weniger Zeit zum Beten. Wir betrügen dadurch nicht nur Gott und die Welt, sondern auch uns selbst. Durch unsere Nachlässigkeit im Beten behindern wir Gottes großes Vorhaben für die Ewigkeit. Wir enthalten der Welt viel Segen Gottes vor und beeinträchtigen die uns für die Ewigkeit zugedachte hohe Stellung.

„Und ich suchte unter ihnen … aber ich fand keinen“ (Hes 22,30).

Kapitel vier

VOLLMACHT – EIN GESCHENK CHRISTI

„Sehet, ich habe euch Vollmacht gegeben,
zu treten auf Schlangen und Skorpione,
und über alle Gewalt des Feindes;
und nichts wird euch schaden."

(Lk 10, 19)

Die „Magna Charta" der Gemeinde

Nachdem die Siebzig zurückgekehrt waren und begeistert berichteten, daß ihnen sogar die Geister untertan seien, führte Jesus ihnen eine höchst erstaunliche und überraschende Tatsache vor Augen, deren Bedeutung anscheinend viele Gläubige nicht verstehen. Zuerst verkündigte er, er sei bei der Ausweisung Satans aus dem Himmel selber zugegen gewesen. *Sein* vollmächtiges Wort war es, das Satan hinausgeworfen hat, so daß er wie ein Blitz vom Himmel fiel (Lk 10,18). Nun legte er dasselbe vollmächtige Wort in die Hände seiner Nachfolger. Er sagte: „Ich übergebe *euch* diese Macht." – „Sehet, ich habe *euch* Vollmacht gegeben, zu treten auf Schlangen (böse Geister) und Skorpione (Dämonen), und über *alle* Gewalt des Feindes (Satans); und nichts wird euch schaden" (Lk 10,19; vgl. auch Hebr 2,14-15).

Das ist die „Magna Charta" der Gemeinde in ihrer Auseinandersetzung mit Satan. Sie ist eine sichere Grundlage zur Befreiung aus der Knechtschaft und Unterdrückung Satans und für den Angriff im Kampf gegen ihn. Aus diesem und anderen Abschnitten wird deutlich, daß Gott die wahre Gemeinde – und nicht Satan – dazu bestimmt hat, das führende Kontrollorgan in menschlichen Angelegenheiten zu sein.

Organische Einheit

In Eph 1,20-22 erklärt Paulus, daß Christus die höchste Autorität im ganzen Universum ist, hoch erhaben über alle anderen Namen, Mächte oder herrschende Gewalten in Gottes Schöpfung. Alle Dinge, im Himmel und auf Erden, sind unter seine Füße gestellt, das heißt unter seine absolute Herrschaft. Paulus fügt hinzu, daß er das Haupt der Gemeinde ist, welche seinen Leib darstellt.

Hier geht es nicht nur um formelle, sondern um organische Verbundenheit. Es handelt sich nicht um eine mystische, philosophische, symbolische, allegorische oder institutionelle Verbundenheit, sondern um eine *organische Einheit*. Ein Beispiel dazu: Die Vorstandsmitglieder einer Firma sind nur durch funktionelle Beziehungen miteinander verbunden. Aber ein Arm, ein Fuß oder eine Hand hat eine organische Beziehung zum Leib, weil das Leben eines jeden Gliedes vom Leben des Leibes abhängt. Genauso hat ein wiedergeborener Christ eine organische Beziehung zu Christus, denn dieser ist seine Lebensquelle. Die Gemeinde ist nicht nur eine Institution, der Christus als ihr Präsident vorsteht; sie ist auch kein Königreich mit Jesus als der höchsten Autorität an der Spitze, sondern sie ist ein Organismus, der in lebendiger Verbindung mit Christus steht und den Ursprung seines Lebens in ihm hat.

Organische Verbundenheit schon im Alten Testament

Eine Parallele zu dieser organischen Beziehung haben wir in der Erschaffung einer Braut für den ersten Adam. Unter allen niedrigeren Geschöpfen war keine passende Gefährtin für ihn (1 Mo 2,20). Keines konnte sich mit ihm messen. Also mußte Adam in einen „tiefen Schlaf“ fallen, und aus seiner Seite wurde ein Teil herausgenommen. So entstand eine Gehilfin, die zu ihm paßte. „Nun gab es ein Wesen, das Adam verstehen konnte, jemand, der sich mit seinen Plänen, Zielvorstellungen, Idealen, Hoffnungen und Ängsten identifizieren konnte, jemand, der leben und lieben konnte wie er, und zwar auf eine solche Weise, wie keine andere, niedrigere Kreatur es vermochte" (T. H. Nelson). „Und Adam sagte: Das ist doch Bein von meinem Bein und Fleisch von meinem Fleisch" (1 Mo 2,23). Das also war *organische* Verbundenheit.

In 1 Kor 15,44-47 wird Christus der „zweite Mensch", der „letzte Adam" genannt. Wie der erste Adam, so brauchte auch Christus, der zweite Mensch oder letzte Adam, eine Braut. Wie der erste Adam, so fiel auch er in einen „tiefen Schlaf", den Todesschlaf, und erwachte wieder. Aus seiner verwundeten Seite bringt Gott die Gemeinde, durch den Glauben, hervor. In Offb 21,9 wird sie die „Braut", des Lammes Weib, genannt, und im 5. Kapitel des Epheserbriefes, das sowohl die irdische als auch die himmlische Hochzeit zum Thema hat, offenbart Paulus in Vers 30, daß wir, die Gemeinde, „Glieder seines (Jesu) Leibes" sind, so wie Eva von Adam kam. Jetzt ist die Gemeinde Christi Leib; bei der Hochzeit des Lammes aber wird sie seine Braut sein.

Thronanwärter aufgrund organischer Einheit

Das Gesagte verdeutlicht die organische Beziehung zwischen Christus und seiner Gemeinde. Wenn Christus zur höchsten Autorität im Universum erhoben wurde und nun zur Rechten des Vaters sitzt, wo er in göttlicher Vollmacht über Himmel und Erde regiert, und wenn die Gemeinde als sein Leib mit ihm als Haupt organisch vereint ist, wo hat dann die Gemeinde ihren Platz? Etwa woanders als auf dem Thron Christi? Genau das meint auch Paulus, wenn er in Eph 2,5-6 sagt, daß Gott uns mit Christus lebendig gemacht und auferweckt und „einen Platz im Himmel" (Einh) gegeben hat. Oder anders ausgedrückt: Wir haben schon jetzt das Recht, mit Christus auf dem Thron zu sitzen, denn wir sind ja organisch mit ihm vereint und haben daher schon jetzt und hier die Herrschaft mit ihm angetreten. Wir sind mit Christus gekreuzigt, auferstanden, erhöht, inthronisiert.[1]

Praktische Auswirkungen der organischen Einheit

Obwohl es dem natürlichen Verstand äußerst unsinnig erscheint, ist es doch wahr, daß die Gemeinde trotz ihrer jämmerlichen Schwachheiten, ihres schrecklichen Versagens und ihrer unverzeihlichen Versäumnisse einen mächtigen Einfluß auf die Kultur und unsere so aufgeklärte Gesellschaft von heute hat. Es ist eine Tatsache, daß in früherer Zeit, wenn das Wissen um Gott und die Ehrfurcht vor Gott verloren gingen, moralischer Verfall und Kriminalität die Gesellschaftsordnungen total zerstörten. „Aber die Erde war verderbt vor Gottes Augen und voller Frevels. Da sah Gott auf die Erde, und siehe, sie war verderbt; denn alles Fleisch hatte seinen Weg verderbt auf Erden. Da sprach Gott zu Noah: Das Ende alles Fleisches ist bei mir beschlossen, denn die Erde ist voll Frevel von ihnen; und siehe, ich will sie verderben mit der Erde“ (1 Mo 6,11-13).

So ist es auch heute. Die einzige Macht auf der Welt, die Satans uneingeschränkte Herrschaft über menschliche Bereiche streitig machen kann, ist die Gemeinde des lebendigen Gottes. Wenn es nichts gäbe, was Satan aufhalten könnte, würde er hier und heute eine Hölle aus dieser Welt machen. Die einzig heilende und rettende Kraft in unserem armseligen Leben fließt vom Kreuz auf Golgatha. Die einzig reine Selbstlosigkeit in der Welt kommt aus dem Brunnen, der mit dem Blut Jesu gefüllt ist. Wäre es nicht vollkommen selbstlose Liebe gewesen, die sich am Kreuz offenbarte, würde vollkommene Selbstsucht herrschen. Vollkommene Selbstsucht aber heißt vollkommene Feindseligkeit, und vollkommene Feindseligkeit heißt totale Anarchie – und das bedeutet die Hölle.

Kultur – ein Nebenprodukt des Evangeliums

Frieden und Ruhe, ein Segen, ohne den eine stabile Gesellschaftsordnung und Kultur, wie wir sie kennen, nicht bestehen kann, sind eine Folge des Evangeliums; und die wahre Kirche ist der Wächter dieses Evangeliums. Daher ist auch die wahre Kirche nicht nur die zentrale und fundamentale, sondern auch die lebendige Institution, von der jede andere Struktur – im sozialen oder politischen Bereich – abhängt. Ohne den moralischen und geistlichen Einfluß der Gemeinde, der durch das Wort Gottes kommt, gäbe es keine gesunde Basis im Geschäftsleben, im Handel, im Bildungswesen und auf kulturellem oder sozialem Gebiet. Ohne das Wissen um Gott und die Ehrfurcht vor ihm ist eine ordentliche und richtig funktionierende Regierung nicht möglich. Alle Vorgänge in Demokratie und Kultur, soweit wir sie kennen, brauchen den Schutz von Gesetz und Ordnung, um funktionieren zu können. Dieser Schutz ist nur dort gewährleistet, wo das Evangelium mit seinem heilsamen und lebenspendenden Einfluß Daseinsberechtigung hat. Ich glaube, unsere westliche Zivilisation mit dem bisher höchsten Lebensstandard, der größten Freiheit und persönlichen Sicherheit ist ganz bestimmt zu einem guten Teil ein Nebenprodukt der jüdisch-christlichen Ethik und der uns durch Jesus Christus erwirkten Erlösung.

Das Gleichgewicht der Mächte in der Hand der Gemeinde

Alle Prinzipien, Maßstäbe und Charaktereigenschaften, die die Voraussetzung für das moralische, geistliche, soziale und politische Wohlbefinden bilden, haben also im Evangelium ihren Ursprung. Die Gemeinde ist der Treuhänder und Verwalter des Evangeliums. In dem Maße, wie die Gemeinde in dem ihr Anvertrauten treu war, hatte sie auch in der Menschheitsgeschichte heilenden und bewahrenden Einfluß. In dem Maße, wie sie in dem ihr Anvertrauten treu war, war sie auch Segensträger in der

Welt. In dem Maße, wie die Gemeinde in dem ihr Anvertrauten treu war, hielt sie auch das Gleichgewicht der Mächte im Aufhalten des Zusammenbruchs oder Verfalls der kosmischen Ordnung in der Hand.

Es war nicht Wunschtraum oder Einbildung, was Jesus zu seinen Jüngern sagte (Mt 5,13-14): „Ihr seid das Salz der Erde" … „Ihr seid das Licht der Welt." Die Welt steht dieser Tatsache im allgemeinen vollkommen blind gegenüber; doch wenn nicht der reinigende und bewahrende Einfluß der Gemeinde in der Welt spürbar würde, dann würde die Struktur aller sogenannten Zivilisation völlig zusammenbrechen, verfallen und verschwinden. Auch in diesem Augenblick ist die Gemeinde, die mit ihrem auferstandenen und erhöhten Herrn verbunden ist, der wichtigste bewahrende Faktor in unserem Weltgefüge. Daher hält sie – und nicht Satan! – aufgrund ihrer organischen Verbundenheit mit Christus, dem höchsten Herrscher, das Gleichgewicht der Mächte in menschlichen Angelegenheiten in der Hand.

Es hat einmal jemand zu Recht gesagt: „Das Schicksal der Welt liegt in der Hand von unbekannten Heiligen." Diese Wahrheit wird in Psalm 149,5-9 besonders gut zum Ausdruck gebracht: „Die Heiligen sollen fröhlich sein und preisen und rühmen auf ihren Lagern. Ihr Mund soll Gott erheben; sie sollen scharfe Schwerter in ihren Händen halten, daß sie Vergeltung üben unter den Heiden, Strafe unter den Völkern, ihre Könige zu binden mit Ketten und ihre Edlen mit eisernen Fesseln; daß sie an ihnen vollziehen das Gericht, wie geschrieben ist. *Solche Ehre werden alle seine Heiligen haben. Halleluja!*"

Schon George Washington, der erste Präsident der Vereinigten Staaten, wußte um die Bedeutung der göttlichen Prinzipien, wenn er sagte: „Es ist unmöglich, die Welt ohne Gott und die Bibel richtig zu regieren." Und ein Staatsmann wie Daniel Webster meinte: „Solange wir uns an die biblischen Prinzipien halten, wird es unserem Land gut gehen; aber wenn wir bzw. unsere

Nachkommen ihre Gebote nicht befolgen und ihre Autorität außer acht lassen, wie plötzlich können wir dann von einer Katastrophe überrascht werden, und alles, was wir an Großem geschaffen haben, muß in tiefe Dunkelheit versinken." Angesichts des gegenwärtigen Zerfalls unserer sozialen und politischen Gesellschaftsordnungen haben diese Worte geradezu prophetischen Charakter.

Autorität der Gemeinde und freier Wille[2]

Beispiele für die Gültigkeit der göttlichen Prinzipien in Weltangelegenheiten haben wir zur Genüge. Gelten nun die Prinzipien auch in konkreten persönlichen Fällen? Welche Macht ist beispielsweise stärker, wenn es um die Erlösung einer bestimmten Person geht: Satan oder die Gemeinde? Hat die Gemeinde auch hier Vollmacht? Gott hat in seinem Wort gesagt, daß er will, daß alle Menschen gerettet werden. Kann die Gemeinde, da sie ja weiß, daß es Gottes Wille ist, daß alle Menschen gerettet werden, welche die geheimnisvolle Grenze – auch Todeslinie genannt – noch nicht überschritten haben, für die Errettung einer bestimmten Person beten, in der Gewißheit, daß sie auch tatsächlich erlöst wird? Oder muß die Gemeinde in ihrer Glaubenserwartung zurückhaltender sein, weil doch jeder einen freien Willen hat und Gott einen Menschen nie gegen seinen Willen errettet?[3] Müssen wir uns damit begnügen, zu sagen, Herr Sowieso habe ja einen freien Willen, und alles, was wir tun können, sei, zu beten und alles andere ihm und Gott zu überlassen? Weil Gott uns versichert hat, daß es sein Wille ist, daß alle Menschen gerettet werden, wissen wir doch, daß wir nach seinem Willen beten, wenn wir um die Errettung eines Menschen bitten, der die Todeslinie hinüber zum Leben noch nicht überschritten hat.

In 1 Joh 5,14-15 sagt der Apostel: „Und das ist die Zuversicht, die wir haben zu ihm, daß, wenn wir etwas bitten nach seinem Willen, so hört er uns. Und wenn wir wissen, daß er uns hört, was wir auch bitten, so wissen wir, daß wir erlangen, was wir von ihm gebeten haben.“ Gilt diese Verheißung auch für das betende Ringen der Gemeinde um Menschenseelen?

Waren wir nicht alle Rebellen?

Ich möchte hier folgendes zu bedenken geben: Glauben Sie, daß es irgend jemanden gibt, der ganz zu Anfang, bevor er errettet wurde, nicht ein Rebell war? Haben wir zuerst nicht alle Gott den Rücken gekehrt? Sind wir nicht wie Adam Gott davongelaufen und haben uns versteckt? Haben wir uns vor unserer Errettung nicht alle aufs äußerste gewehrt gegen das Werben des Heiligen Geistes? Und haben wir diesem Werben nicht so lange standgehalten, bis wir davon überwältigt wurden und es uns letztlich leichter fiel, nachzugeben, als in der Rebellion zu verharren. Kamen wir nicht an den Punkt, wo wir die Rebellion aufgaben, nicht, weil wir uns hätten umstimmen lassen, sondern weil es uns mehr kostete, Widerstand zu leisten, als nachzugeben? Und obwohl der Wille nachgab, hätte er, wenn er hätte wollen, weiterhin in der Rebellion verharren können.

Gebet und Errettung

Ist es nicht meistens so, wenn die Rebellion aufhört und in der Übergabe an Gott endet? Jesus sagt: „Es kann niemand zu mir kommen, es sei denn, daß ihn der Vater ziehe ...“ (Joh 6,44). Und der Vater zieht immer durch den Heiligen Geist. Wenn Gott das Ansehen der Person nicht achtet und will, daß alle gerettet werden, also allen – ohne Ausnahme – treu nachgeht (Joh 1,9), warum hat dann das Werben des Heiligen Geistes in einigen Fällen Erfolg und in anderen nicht?

Ganz sicher kann man nicht behaupten, daß Gott in einigen Fällen „machtlos“ sei oder nicht genügend werbe. Ich persönlich finde aber auch die Antwort, daß manche Menschen sich halt diesem Werben öffnen und andere es hartnäckig ablehnen, nicht befriedigend. Ich möchte vielmehr fragen: Liegt die Antwort nicht vielleicht in der Gemeinde und ihrem Gebet? Müssen wir nicht die Vollmacht, die Gott der Gemeinde erteilt hat, konsequent auch auf das Problem der Bekehrung des einzelnen übertragen? Ganz radikal formuliert hieße dies, daß ein Mensch, um den die Gemeinde in der Fürbitte ringt, gerettet wird, dagegen jemand, für den keine Fürbitte erfolgt, verloren geht.

Ich möchte den Leser bitten, diesen Gedanken sorgfältig zu prüfen und im Lichte der Schrift zu untersuchen, wieviel Wahrheit in ihm steckt. Sicher sind wir uns alle einig darin, daß Gott für das Heil aller Menschen vorgesorgt hat: „Siehe, das ist Gottes Lamm, welches der Welt Sünde trägt!" (Joh 1,29). „Und derselbe ist die Versöhnung für unsere Sünden, nicht allein aber für die unseren, sondern auch für die der ganzen Welt" (1 Joh 2,2). Aber ob der einzelne dieses Heil auch ergreift, hängt von zusätzlichen Faktoren ab – wie ich es sehe, auch zentral vom Gebet der Gemeinde. Vielleicht liegt hier ein Teil der Bedeutung der folgenden Worte Jesu: „Nehmet hin den Heiligen Geist! Welchen ihr die Sünden erlasset, denen sind sie erlassen; und welchen ihr sie behaltet, denen sind sie behalten" (Joh 20,22-23).[4]

Der Geist und die Braut

Der Heilige Geist hat die Macht, den Verstand eines Menschen zu erleuchten, seinen Geist zu erwecken und seine Gefühle zu bewegen, so daß er es leichter findet, sich Gott zu ergeben, als weiter zu rebellieren. *Gott macht nichts über den Kopf seiner Gemeinde hinweg, ohne ihre Mitarbeit errettet er noch nicht einmal eine Seele. Wenn sie nicht Fürbitte leistet, kann der Heilige Geist nach seiner eigenen Entscheidung sein Werk der Überzeugung und Werbung nicht tun.* Er hat das Ziel, seine Braut auf ihre ewige Herrschaft an seiner Seite vorzubereiten, deshalb hat er sich entschieden, keine einzige Seele zu retten, wenn sich die Gemeinde nicht um sie müht. „Und der Geist *und* die Braut sprechen: Komm!“ (Off 22,17). Nicht der Geist allein, sondern der Geist *und* die Braut. Ohne sie wird er nichts tun. Und also *kann* er ohne sie nichts tun.[5]

Wenn sie sich nicht müht, wirbt der Heilige Geist nicht. Wenn der Geist nicht wirbt, ist die Seele verloren. Aber der Geist kann und will werben; er kann und will jede Seele überzeugen, die die Todeslinie noch nicht überschritten hat – wenn die Gemeinde sich um sie müht.

Macht über Leben und Tod

Wenn dem so ist, dann hält nicht Satan, sondern die Gemeinde die Macht in Händen – und zwar nicht nur in weltpolitischen Angelegenheiten, sondern auch bezüglich der Errettung einzelner Seelen. *Deshalb hat eine heilige Gemeinde durch die Fürbitte, die sie leistet oder auch nicht leistet, die Macht über Leben und Tod von Menschenseelen in Händen.* Ohne die freie moralische Entscheidung einer Person zu verletzen (die volle moralische Verantwortung), kann der Geist so kraftvoll überzeugen, daß dieser Mensch sich freiwillig Gott ergibt. Aber das tut der Geist nur als Antwort auf gläubiges Gebet und Fürbitte einer glaubenden Gemeinde. Könnte das nicht der Grund sein, warum mancher mächtig überzeugt und bekehrt wurde, während andere verloren gehen?

Auf dem Weg nach Damaskus

Ein gutes Beispiel für die betende Intervention der Gemeinde ist für mich die Bekehrung des Apostels Paulus. Es wird zwar in der Bibel nicht besonders darauf hingewiesen, daß die Gemeinde für Saulus, ihren Todfeind, gebetet hat. Gibt es aber einen Zweifel daran, daß sie es getan hat, so wie sie es im Falle des Petrus tat, als dieser im Gefängnis war? In Apostelgeschichte 12,5 heißt es von ihr: „... aber die Gemeinde betete ohne Aufhören für ihn

(Petrus) zu Gott." Es besteht für mich kaum ein Zweifel, daß sie auch für Saulus auf den Knien lag, da ja sogar ihr eigenes Leben auf dem Spiel stand. War es also nicht auch die Fürbitte dieser ersten Christen, die die Bekehrung des Paulus auf dem Weg nach Damaskus ermöglichte, so daß aus einem schlimmen Feind ein großer Apostel Jesu Christi wurde? Wie ich es sehe, wurde durch die Waffe des Gebets aus dem Saulus ein Paulus. Der Wille des Apostels wurde nicht bezwungen. Er wurde überzeugt, Gott warb um ihn, und er entschied sich zur Hingabe. Wenn Gott als Antwort auf die Gebete der Gemeinde sich Paulus so offenbaren konnte, daß er freiwillig den Christus annahm, den er so furchtbar gehaßt und verfolgt hatte, wer sollte dann von Gottes Geist nicht erreicht werden können, wenn die Gemeinde sich ebenso müht?

Paulus' mächtige Waffen

Vielleicht bist du noch nicht davon überzeugt, daß sich diese Prinzipien auch auf den Bereich der freien Entscheidung oder vollen moralischen Verantwortung erstrecken. Vielleicht bezweifelst du, daß aufgrund des freien Willens des Menschen die Autorität der Gemeinde auch für persönliche und individuelle Fälle gilt. Vielleicht hast du immer noch das Gefühl, daß wir in bezug auf die Errettung einer bestimmten Person nichts weiter tun können als beten und den Rest ihm und Gott überlassen. Darf ich für all diese Punkte auf die Worte des Apostels Paulus in 2. Kor 10,4-5 verweisen: „Meine Waffen in diesem Kampf sind nicht die eines schwachen Menschen, sondern die mächtigen Waffen Gottes. Mit ihnen zerstöre ich feindliche Festungen: Ich bringe falsche Gedankengebäude zum Einsturz und reiße den Hochmut nieder, der sich der wahren Gotteserkenntnis entgegenstellt. *Jeden Gedanken, der sich gegen Gott auflehnt, nehme ich gefangen und unterstelle ihn dem Befehl von Christus*" (GN).[6]

Entscheidungsfreiheit

Ignorierte Paulus die Entscheidungsfreiheit oder volle moralische Verantwortung des Menschen, als er diese Worte schrieb? Oder dachte er an die Art, wie ihn der Heilige Geist an jenem Tage auf der Straße nach Damaskus überwältigt hatte, obwohl er mit Drohen und Morden wider Christus und seine Jünger schnaubte? Erinnerte er sich daran, was die himmlische Stimme über den Schmerz des „Wider-den-Stachel-Löcken" gesagt hatte? Dachte er daran, wie sein eigenes Herz von einem Augenblick auf den anderen verändert wurde durch die mächtige Erleuchtung des Heiligen Geistes, so daß er sich sehnlich wünschte, Christus zu gehorchen? War dies die Inspiration für seinen Glauben, daß diese gleichen Waffen, die ihn von einem Rebellen in einen willigen „Gefangenen" Christi verwandelten, in seinen Händen ebenso effektiv waren, „Rebellen zu gefangen zu nehmen und sie Gott zu unterstellen"?

Beachte, daß Paulus diese Waffen nicht benutzte, indem er die Entscheidungsfreiheit der Rebellen beschneidet. Durch diese Waffen verwandelt er ihre Rebellion in freiwillige Zusammenarbeit. Ihrem freien Willen wird keine Gewalt angetan. Sie werden willige „Gefangene" Christi. Wenn Paulus solche Waffen zur Verfügung standen, stehen sie dann nicht auch der Gemeinde zur Verfügung, der Christus Autorität über alle Macht des Feindes gegeben hat?

Ein Rebell wird gewonnen

Meine Mutter benutzte diese Waffe des Gebets bei mir. Ich war wie jeder Sünder ein Feind Gottes. Ich kämpfte mit aller Macht. Aber es kam die Zeit, wo es mir leichter fiel, meine Waffen, die in der Rebellion bestanden, zu strecken, als mich weiterhin aufzulehnen. Das Drängen des Heiligen Geistes wurde mir zu mächtig, und ich suchte freiwillig nach Befreiung, indem ich meinen rebellischen Willen aufgab. Das Werben der göttlichen Liebe war so stark, daß ich aus freiem Willen in die Arme der rettenden Gnade fiel. Ich wurde ein freiwilliger „Gefangener".

Gott kann mit jedem Sünder so verfahren, und er tut es auch, wenn die Gemeinde es lernt, ihre starken Waffen, nämlich die dringliche Fürbitte und den Glauben, einzusetzen. Ich bin der Überzeugung, daß da, wo ein Mensch die Todeslinie noch nicht überschritten hat, eine glaubende Gemeinde in großer Zuversicht für seine Errettung beten darf.

Kapitel fünf

Die Rechtsgültigkeit der Vollmacht der Gemeinde

Golgatha – Sieg oder Niederlage?

Jeder Gläubige muß absolute Gewißheit darüber haben, daß Golgatha ein unwahrscheinlich glorreicher Triumph war. Wenn er von dieser Tatsache, die ja unumstößliche Grundlage seines Glaubens ist, nicht felsenfest überzeugt ist, werden Zweifel ihn unsicher machen können, und das wiederum beeinträchtigt seine Handlungsvollmacht gegenüber Satan. Dieses und das folgende Kapitel wollen solche Zweifel ausräumen helfen und aufzeigen, daß Christus durch seinen Tod auf Golgatha und durch seine Auferstehung Satan unwiderruflich besiegt und entwaffnet hat.

Der errungene Sieg Christi auf Golgatha wird heute von der aufkommenden Satanskirche öffentlich angegriffen. Golgatha ist für sie nichts weiter als seine Niederlage, eine geschmacklose Zurschaustellung nicht gerade löblicher Ohnmacht.

Nach der „Satansbibel" ist das Kreuz ein Zeichen der „Ohnmacht, die am Baum hängt". In den „Satanischen Ritualen" wird Satan „der unbeschreibliche Prinz der Finsternis" genannt, „welcher die Erde regiert". Er gilt auch als der, der Christi Vorhaben verwirklicht. Christus selbst wird als „Bethlehems ewige Schande", „verfluchter Nazarener", „unfähiger König", „unsteter und stummer Gott", „gemeiner und verhaßter Heuchler der Majestät Satans" bezeichnet. Demgegenüber wird Satan mit „großer Satan", „Fürst der Finsternis", „Luzifer, Beherrscher der Welt", der „die lieben Christen ins Verderben senden wird", betitelt. Er wird ferner als „Herr des Lichts" beschrieben, „vor dem die Engel Gottes, die Cherubim und Seraphim voller Furcht erbeben und niederfallen, wenn er die Tore des Himmels zerschmettert".

Das ist ein Beispiel dafür, wie Satan die Gemeinde und die Welt ständig davon zu überzeugen versucht, daß er beinahe so mächtig ist wie Gott, wenn nicht sogar genauso mächtig. Die Welt läßt sich von dieser Täuschung ganz schön beeindrucken, und die Gemeinde wiederum leidet unter dem Druck, dem sie dadurch ausgesetzt ist. Satan hat es verstanden, die Gemeinde darüber hinwegzutäuschen, was mit ihm nicht nur auf Golgatha, sondern auch in der Zeit zwischen Golgatha und der Auferstehung geschah. Die Welt im allgemeinen und auch viele Christen sehen in Golgatha eine Niederlage. Trotz ihres festen Glaubens werden viele das unterschwellige Gefühl einfach nicht los, ob letztlich nicht doch Satan den Sieg davongetragen habe. Wenn wir uns jedoch die rechtliche Seite der Auseinandersetzung zwischen Christus und Satan ansehen, müssen wir feststellen, daß schlußendlich der Gekreuzigte triumphierte. Und gerade von dieser rechtlichen Seite des Sieges Christi wollen wir in diesem 5. Kapitel sprechen.

Adam und sein Auftrag, über diese Welt zu herrschen

Um das Geschehnis auf Golgatha überhaupt begreifen zu können, muß man zunächst einmal die rechtlichen Konsequenzen kennen, die sich aus dem Sündenfall ergaben.

Der Mensch wurde geboren, um zu herrschen. Zu diesem Zweck wurde er erschaffen und dafür auch ausgerüstet. Nachdem nun Gottes Hand ihn gemacht hatte, übertrug er ihm die Herrschaft über die Erde und unterstellte ihm alles. In 1 Mo 1,26 wird berichtet: „Und Gott sprach: Lasset uns Menschen machen, ein Bild, das uns gleich sei, die da herrschen über die Fische im Meer und über die Vögel unter dem Himmel und über das Vieh und über alle Tiere des Feldes und über alles Gewürm, das auf Erden kriecht." Der Schreiber des 8. Psalms fügt noch hinzu: „Du hast ihn zum Herrn gemacht über deiner Hände Werk; alles hast du unter seine Füße getan."

Die tragischen Konsequenzen aus Adams Versagen

Der gesamte Kosmos unterliegt bestimmten Gesetzen. So beruht auch die Erlösung von Anfang bis Ende auf einer göttlichen Rechtsgrundlage. Gottes Gabe an den Menschen, die Übertragung seiner Vollmacht und Herrschaft, geschah auf Treu und Glauben. Was der Mensch damit anfing, war seine Sache. Wenn er also sozusagen „den Ball verfehlte" und somit verlor, konnte Gott von Rechts wegen nicht einfach eingreifen und ihn ihm wiederbringen. Ohne Zweifel hätte Gott durch seine Allmacht Satans Anspruch auf Adam und sein Erbe einfach für ungültig erklären können, aber dadurch hätte er gegen seine eigenen moralischen Herrscherprinzipien verstoßen. Es wäre nicht zu einem ordentlichen Gerichtsverfahren gekommen.

Auf der Suche nach einem rechtmäßigen Herausforderer

Nachdem Adam auf die Stimme Satans gehorcht hatte, wurde er dessen Sklave. „Wisset ihr nicht: Welchem ihr euch als Knechte (Sklaven) ergebt zum Gehorsam, dessen Knechte (Sklaven) seid ihr ..." (Röm 6,16). Als Sklave Satans hatte Adam vom Gesetz her keine persönlichen Rechte mehr und auch keine Herrscherrechte. Dafür aber hatte nun Satan das Recht, über den Menschen und die Erde zu herrschen. Wenn also Satan das Herrschaftsrecht genommen werden sollte, mußte eine Möglichkeit zur Errettung des gefallenen Menschen und zur Wiedererlangung seiner eingebüßten Macht gefunden werden, ohne daß dadurch die universelle Rechtsgrundlage verletzt würde. Da ja Satan nunmehr gewissermaßen der rechtmäßige Eigentümer Adams und der rechtmäßige Herr über die Welt war, konnte Gott – juristisch gesehen – nicht einfach alles eigenwillig annullieren. Kein Engel konnte sich an der Auseinandersetzung beteiligen, weil er dazu nicht berechtigt war. Also mußte ein Glied des Adam-Geschlechts gefunden werden, welches den Prozeß vor dem Weltgericht führen und damit Satans Recht an dem verlorenen Erbe und Herrschaftsanspruch Adams anfechten konnte.

Es war der Mensch, dem die Herrschaft über die Welt anvertraut wurde, und es war der Mensch, der sie wieder verlor. Folglich konnte auch nur ein Mensch sie wieder zurückgewinnen. Aber wer war dazu in der Lage? Weil Adam ein Sklave Satans war, waren ja auch alle seine Nachkommen Satans Sklaven. Ein Sklave aber ist juristisch unmündig, kann also nicht vor Gericht gehen bzw. darf an keiner Gerichtsverhandlung teilnehmen. Daher konnte sich auch kein Sohn Adams für den Wettkampf qualifizieren. Es mußte ein Glied des Menschengeschlechts gefunden werden, auf das Satan kein Anrecht hatte, jemand, der den Prozeß gewinnen konnte, so daß Satan rechtlich keinen Anspruch mehr hatte auf die Menschheit und die Erde.

Gottes Menschwerdung in seinem Sohn als einziger Ausweg aus dem Dilemma

Nach menschlichem Ermessen war die Lage aussichtslos, aber Gott *fand einen Ausweg*. „Als aber die Zeit erfüllt ward, sandte Gott seinen Sohn, geboren von einem Weibe und unter das Gesetz getan, auf daß er die, so unter dem Gesetz waren, erlöste, damit wir die Kindschaft empfingen“ (Gal 4,4-5). Gott löste das Problem, indem er selbst Mensch wurde. Da Jesus durch den Heiligen Geist empfangen wurde, war er kein gefallener Sohn Adams. Also hatte Satan auch kein Recht auf ihn. Weil er aber von einer Frau geboren wurde, war er wie ein Mensch und konnte daher als einer aus dem Menschengeschlecht in den Rechtsstreit treten, um den durch Adam verlorengegangenen Besitz zurückzugewinnen.

Warum es ohne die Jungfrauengeburt nicht ging

Einige vertreten die Ansicht, daß es keine Rolle spiele, ob Jesus göttlichen Ursprungs war oder nicht. Sie sagen, das habe weder auf sein Leben auf Erden noch auf die Wahrheit, die er gelehrt hat, noch auf sein Wirken auf Erden irgendeinen Einfluß gehabt. Das aber ist böse Nachrede oder eine unverzeihlich willkürliche Schlußfolgerung. Wenn Jesus der Sohn von Maria und Joseph war bzw. der Sohn Marias und eines anderen Mannes, wie von Kritikern auch schon geargwöhnt wurde, wäre er ein Nachkomme Adams gewesen und damit wie alle anderen ein Sklave Satans. Aufgrund dieser Tatsache wäre es ihm unmöglich gewesen, Satan vor Gericht zu verklagen. Er mußte also jemand sein, der ganz Mensch und doch kein Nachkomme Adams war, um rechtlich als Kläger auftreten zu können. Daher war die Geburt durch eine Jungfrau unumgänglich (Lk 1,35).

Warum moralische Perfektion?

Es gibt noch einen zweiten wichtigen Grund für die Jungfrauengeburt: Wollte jemand erfolgreich sein im Kampf gegen Satan, mußte er nicht nur ganz Mensch sein, sondern sich als moralisch und geistlich perfekt erweisen. Er mußte ein Leben ohne Sünde führen, damit Satan keinerlei Anspruchsrecht auf ihn geltend machen konnte. Wäre Jesus nicht der Sohn Gottes gewesen, den Maria auf übernatürliche Weise empfangen hat, dann wäre er lediglich ein Sohn Adams gewesen. Wäre er aber ein Sohn Adams gewesen, hätte er Adams Sünde geerbt. Und hätte er Adams Sünde geerbt, hätte er kein Leben ohne Sünde führen können. Wenn er nicht ein Leben ohne Sünde gelebt hätte, wäre er der Herrschaft Satans unterstellt gewesen und hätte sich in moralischer Hinsicht im Rechtsstreit gegen Satan nicht behaupten können. Um rechtlich anerkannt werden zu können, mußte er ganz Mensch sein; um moralisch anerkannt werden zu können, mußte er unbedingt göttlichen Ursprungs sein.

Der Mensch Jesus
in der Auseinandersetzung mit Satan

Jesus kam als Glied des Menschengeschlechts, und da er vom Heiligen Geist empfangen und von einer Jungfrau geboren war, hatte Satan kein Anrecht auf ihn. Zur Schaffung einer Rechtsgrundlage für einen Herrschaftsanspruch über ihn blieb Satan also nur eines übrig, nämlich ihn zur Unmoral bzw. zur Unvollkommenheit zu verführen. Dafür bot sich ihm eine einzige Möglichkeit: Satan mußte Jesus dazu bringen, daß er sich gegen Gott auflehnte und ohne ihn handelte. Darin bestand Satans List und genialer Plan, und das war auch der Haken bei der Auseinandersetzung zwischen Jesus und dem Erzfeind der Finsternis. Das Schicksal der ganzen Welt und des Menschengeschlechts hing von dem Ausgang dieses Kampfes ab. Wenn Satan es irgendwie fertiggebracht hätte, Jesus dazu zu bringen, daß er auch nur einen Gedanken ohne seinen himmlischen Vater gedacht hätte, wäre er der Sieger gewesen und zum unbestrittenen Herrscher der Welt und des Menschengeschlechts geworden. Wenn es ihm gelungen wäre, den letzten Adam wie den ersten Adam zu verführen, wäre seine Herrschaft über die Menschen für immer gesichert gewesen.

Obwohl Jesus der „wahre Gott des wahrhaftigen Gottes" war, mußte er diesen Kampf kämpfen und als „wahrer Mensch aus dem wahrhaftigen Menschengeschlecht" überwinden. Ich glaube, es wäre nicht im Einklang mit der allumfassenden Gerechtigkeit gewesen und hätte für den letzten Adam einen nichtigen Sieg bedeutet, hätte er in diesem Kampf Mittel und Waffen eingesetzt, über die der erste Adam im Garten Eden nicht verfügen konnte. Obwohl alle Mittel zum Einsatz seinem göttlichen Befehl unterstanden, kämpfte Jesus diesen entscheidenden Kampf gegen Satan nur mit der Waffe seiner Sündlosigkeit.

Der Kampf der Kämpfe

Bethlehem bis Golgatha war ein einziger Kampf, der 33 Jahre lang mit unverminderter Härte andauerte. Der gefallene Luzifer, einst Lichtbringer genannt, der Bewacher des Thrones Gottes, das Höchste aller Wesen bis zur Erschaffung Adams, bot alle ihm zur Verfügung stehenden Mittel der Unterwelt auf, um Jesus zur Untreue gegenüber seinem himmlischen Vater zu verleiten. Es bedurfte nur einer einzigen schwachen Stelle, eines einzigen eigenmächtigen, eigenwilligen Gedankens, und alle Bemühungen Jesu, die versklavte Weit ihrem Usurpator zu entreißen, wären umsonst gewesen. Der abscheuliche Feind, der abtrünnige Fürst der Finsternis, setzte alles daran, daß Jesus seine Treue gegenüber seinem Vater brechen und sich dafür ihm treu ergeben würde. Er tat dies in all den Jahren, in denen Jesus in Nazareth lebte, bei der Versuchung Jesu in der Wüste, in der Auseinandersetzung Jesu mit den Schriftgelehrten und Pharisäern, im Garten Gethsemane, vor Pilatus und schließlich auf Golgatha.

Die Versuchung in der Wüste

In der Wüste bot Satan Jesus eine „Abkürzung“ auf dem Weg zur Weltherrschaft an, wenn er nur ein einziges Mal vor ihm niederfallen und ihn anbeten würde. Satan behauptete, ihm sei alle Macht über die Königreiche dieser Welt gegeben, und es liege an ihm, wem er sie abtreten wolle. Jesus hat dieser Behauptung nicht widersprochen, denn er wußte, wie es rechtlich um diesen Anspruch Satans stand. Er wußte außerdem, daß die einzige Möglichkeit zur Errettung des Menschen und zur Wiedererlangung seines verlorenen Besitzes Golgatha hieß. Er widerstand der Versuchung, indem er Gottes Wort zitierte. Schon Adam hätte sich dem Satan gegenüber einfach auf Gottes Wort (seinen Befehl, nicht von dem Baum zu essen) berufen können.

Gethsemane

Der unerbittliche Kampf, den Jesus während seines Erdendaseins zu kämpfen hatte, hatte im Garten Gethsemane seinen Höhepunkt. Die Belastung durch dämonische Mächte brachte ihn sogar bis an den Rand des Todes. Während ihm Schweiß wie Blutstropfen über das gemarterte Gesicht rann und zu Boden fiel, rief er: „Meine Seele ist betrübt bis an den Tod“ (Mt 26,38).

Der Verstand steht einem still, und die menschliche Sprache findet keine Worte mehr, um diese Szene zu beschreiben. Wenn Jesus es gewollt hätte, hätte er als Gott Legionen von Engeln zu Hilfe rufen können; allerdings hätte er dann nicht als wahrer Mensch gelitten.

Die eigentliche Todesangst

Nicht die bevorstehenden physischen Leiden waren der Grund für Jesu Todesangst im Garten Gethsemane – die waren im Vergleich zu seinen geistlichen Qualen nicht von Gewicht –, sondern die untadelige Seele, die von keiner Sünde wußte und unverdienterweise „zur Sünde gemacht“ wurde (2 Kor 5,21), ja mit der Sünde absolut gleichgesetzt wurde, so daß Jesus dadurch nicht nur die Gemeinschaft mit seinem Vater verlor, sondern auch zum Gegenstand der Abscheu des Vaters wurde. Ihm wurde nicht nur alle Sünde aufgeladen, sondern *er* selbst *wurde zur Sünde gemacht*. Er wurde zum Inbegriff der Sünde, so, als ob er sich aller menschenmöglichen Vergehen schuldig gemacht hätte. Er wurde für alle Sünden der Menschen für schuldig erklärt und dazu verurteilt, der Gerechtigkeit volle Genüge zu tun und den Preis für die Sünden der ganzen Welt zu bezahlen.

Die Versuchung in Gethsemane bestand in der Möglichkeit der Verweigerung, den „Kelch“ zu trinken. Er mußte sich entscheiden, ob er entweder mit dem Vater in der Gemeinschaft bleiben wollte, wie er sie schon vor Grundlegung der Welt mit ihm hatte, oder ob er die ungerechte, absolute Gleichsetzung mit der Sünde akzeptieren wollte. Das war keine Versuchung „auf Probe". Und gerade darum war seine Seele „betrübt bis an den Tod".

Jesu unbeschreiblicher Todeskampf spiegelte sich in dem Blutschweiß und in dem Gebet wider: „Mein Vater, ist's möglich, so gehe dieser Kelch an mir vorüber; *doch* nicht wie ich will, sondern wie du willst!" (Mt 26,39). Der Höhepunkt des Todeskampfes Jesu scheint an dieser Stelle erreicht zu sein. Wenn es je einen Zweifel an seinem Ausgang gab, dann mußte er danach verblassen. *„Doch"* – von diesem Wort hing das Schicksal der ganzen Welt ab. Mit dieser Entscheidung war die Krise überwunden. Damit hatte er auch den „Kelch" akzeptiert. Was nach Gethsemane folgte, war nicht mehr so entscheidend. Das Gericht und die Geißelung, die Dornenkrone, der qualvolle Gang auf der Via Dolorosa hinauf nach Golgatha oder die Kreuzigung selbst waren dagegen wie die Ruhe nach dem Sturm, bis dann der Augenblick der totalen Verlassenheit kam. In genau dem Augenblick, als die Höllenhunde laut nach dem Blut Jesu bellten und als der Vater sein Angesicht verbarg, brach das Herz, das nicht mehr konnte, und er beugte sein Haupt und starb.

Satan durch den Tod besiegt

In dem Bestreben, Jesus gewaltsam dazu zu bringen, daß er sich gegen seinen himmlischen Vater auflehnte und sich ihm, Satan, ergab, stieß Satan Jesus eindeutig in den Tod, ja in den Tod am Kreuz. Als der Todeskampf schließlich dem Ende zuging und Jesus das Haupt neigte und seinen Geist aufgab, ohne auch nur ein einziges Mal seinem himmlischen Vater gegenüber untreu geworden zu sein, war Satan besiegt.

Im richtigen Licht besehen, ist Golgatha *der größte Triumph aller Zeiten*. Als Jesus starb, ohne auch nur im geringsten versagt zu haben, war Satan damit nicht nur in der Hinsicht besiegt, daß es ihm nicht gelungen war, auf Jesus ein Anrecht zu erhalten, sondern der Tod Jesu enthob ihn auch jeglicher Rechte auf die Erde und das gesamte Menschengeschlecht.

Nach allgemeinem Recht wird jemand, der einen Mord begangen hat, zum Tode verurteilt. Ein solcher Mörder hat sein eigenes Leben verwirkt. Er zerstört sich selber. Nachdem Satan den Tod Jesu beschlossen hatte, war er in gewissem Sinne zum ersten Mal seit seiner Existenz zum Mörder geworden.[1] Der, der „Macht über den Tod" hatte, hatte seit dem Sündenfall Millionen erschlagen und war dafür nicht bestraft worden, denn er hatte dazu ja das Recht. Er, Satan, hatte als der „Sklavenhalter" ein Recht auf Adam und seine Nachkommen. Er konnte mit ihnen machen, was er wollte. Doch dann unterlief dem, „der Macht über den Tod" hatte und sie auch voll ausnutzte, der größte Schnitzer in seiner diabolischen Karriere. In der verzweifelten Anstrengung, Jesu Einssein mit dem Vater zu zerstören, tötete er einen Unschuldigen, über den er von Rechts wegen keine Befugnis besaß. Dadurch war er zum Mörder geworden und hatte sich vor dem göttlichen Gericht selber zum Tode verurteilt. Das bestätigt, was in Heb 2,14 steht: „Weil nun die Kinder Fleisch und Blut haben, ist auch er der gleichen Art teilhaftig geworden, damit er durch seinen (eigenen) Tod die Macht nähme dem, der des Todes Gewalt hatte, das ist dem Teufel." Wenn das etwas zu bedeuten hat, dann dies: Satan ist die Macht genommen (noch aber ist er nicht vernichtet!). Er hat rechtlich absolut keinen Anspruch mehr auf die Erde und den Menschen. Jemandem, über den das Todesurteil ausgesprochen ist, sind alle Rechte entzogen. Satan hat also seit Golgatha rechtlich über nichts und niemand mehr zu bestimmen. Die Macht, die er nach seiner Verbannung aus dem Himmel noch hatte, ist nun dem Sieger übergeben –, dazu auch das durch Adam zwar verlorene, doch durch den Triumph des Gekreuzigten wiedergewonnene Erbe.

Kapitel sechs

Christi überwältigender Sieg

Christus fährt hinab ins Totenreich

Christi Sieg war nicht nur ein legaler, sondern auch ein ganz gewaltiger Sieg, der mit unwiderstehlicher Kraft errungen wurde. Jesus war zur Sünde gemacht (2 Kor 5,21), mit Sünde beladen worden, ja zum Inbegriff der Sünde selbst geworden und war darum so verachtet, daß er am Kreuz nicht einmal mehr die Nähe Gottes erfahren durfte. Er war mit der Sünde gleichgesetzt. Als rechtsgültiger Stellvertreter der Menschen war er gezwungen, deren Sünden allein zu tilgen, so, als hätte er alle Sünden selber begangen. Sein Leben wurde ein Sühnopfer für die Sünde aller Menschen (Jes 53,10).

Es gäbe keine ewige Gerechtigkeit mehr, wenn die Sünden des Menschen einfach ignoriert worden wären. Sie hätten dann nicht mehr ernstgenommen werden können. Die Gerechtigkeit forderte den vollen Preis für jede einzelne Sünde der Menschen. Das bedeutet, daß Christus nicht nur sein physisches Leben am Kreuz opfern mußte, darüber hinaus mußte noch sein unbefleckter menschlicher Geist ins Totenreich hinabfahren, wo er bis zu seiner Auferstehung weilte. So hatte Jesus selbst es vorausgesagt (Mt 12,40). Jesus ging also bis in den Ort, wo sonst die Seele eines verstorbenen Menschen hinkommt. So gründlich hat er für alle „den Tod geschmeckt" (Hebr 2,9). Hätte er dies nicht getan, so hätten wir keine letzte Garantie dafür, daß wir diesem gräßlichen Gefängnis, dem Totenreich, entrinnen können. Wir können nur erahnen, was es den ewigen Gottessohn an Liebe und Leiden gekostet hat, für uns zu sterben und ins Reich der Toten hinabzusteigen.

Auch der Vater litt

Wir sehen voll Bewunderung auf Jesus, der bereit war, den bitteren Kelch der Leiden zu trinken, vergessen dabei aber leicht, daß Gott, der Vater, die Welt so sehr geliebt hat, daß er seinen einzigen Sohn *dahingab*. Nicht nur Jesus litt, sondern auch der Vater. Wir können uns nicht vorstellen, wie sehr der Vater darunter litt, daß er seinen geliebten Sohn zur Versöhnung für unsere Sünden hergeben mußte. Genau das aber machte die Strafe so schwer und betrübte den Vater zutiefst.

Doch nicht allein in der Trennung vom Sohn erreichte das Leid des Vaters einen schrecklichen Höhepunkt. Was es den Vater sonst noch gekostet hat, sagt uns Röm 8,32: „Welcher auch seines eigenen Sohnes nicht verschont hat, sondern hat ihn für uns alle dahingegeben; wie sollte er uns mit ihm nicht alles schenken?" Damit die Sünde für immer gesühnt wäre, bedurfte es mehr als der Opferung seines Sohnes. Die Gerechtigkeit forderte außerdem den geballten Zorn des Vaters über die großen Sünden der Menschen, der ohne Einschränkung und Vorbehalt auf Jesus fallen sollte.

Man stelle sich einmal vor, was es den Vater gekostet haben muß, daß sein Zorn wegen der großen Schuld der Menschen ausgerechnet seinen geliebten, unschuldigen Sohn mit der ganzen Heftigkeit treffen sollte! Für den Vater gab es aber sonst keinen anderen Ausweg. Jesaja faßte das schon Jahrhunderte vorher in die Worte: „So wollte ihn der Herr zerschlagen mit Krankheit. Wenn er sein Leben zum Schuldopfer gegeben hat, wird er Nachkommen haben und in die Länge leben, und des Herrn Plan wird durch seine Hand gelingen. Weil seine Seele sich abgemüht hat, wird er das Licht schauen und die Fülle haben. Und durch seine Erkenntnis wird er, mein Knecht, der Gerechte, den Vielen Gerechtigkeit schaffen; denn er trägt ihre Sünden" (Jes 53, 10-11). Dieses unermeßliche Opfer brachte der Vater, damit er eine ureigene Familie haben konnte, die nicht nur – wie die Engel – erschaffen war, sondern aus selbstgezeugten Gliedern bestand. Und weil Jesus sich selbst geopfert hat „durch den ewigen Geist" (Hebr 9,14), zahlten alle Glieder der Dreieinigkeit gleichermaßen den Preis für diesen wunderbaren Erlösungsplan.

Christi Triumph

Jesu Tod für unsere Sünden – seine Bezahlung der Strafe, die gegen uns verhängt worden war – war sein legaler Sieg, durch den er die legalen Ansprüche Satans auf das Menschengeschlecht zunichte machte. Jesu Aufenthalt im Totenreich war aber auch ein gewaltiger Triumph. Als er nämlich gerecht gesprochen und lebendig gemacht wurde, als im Obersten Gerichtshof des Universums seine Gerechtigkeit verkündet wurde, da war Satan, der Erzfeind Gottes und des Menschen, vollkommen entwaffnet und vom Thron gestoßen. Christus brach triumphierend aus dem uralten Gefängnis des Todes heraus. Paulus sagt, er habe „die Reiche und die Gewaltigen ihrer Macht entkleidet und sie öffentlich zur Schau gestellt" und „einen Triumph aus ihnen gemacht in Christus" (Kol 2,15). Nach dem *Webster's New World Dictionary* bedeutet das Wort *to spoil*, das an der Stelle von *„ihrer Macht entkleidet"* im englischen Text steht, so viel wie „einem Tier seine Deckung nehmen", „einen besiegten Feind völlig entwaffnen", „bis zur Unbrauchbarkeit beschädigen oder verletzen", „zerstören". Genau das machte Jesus mit Satan. Der Tod tat sein Äußerstes, um ihn zu fesseln, um ihn für immer in seinem Griff zu behalten. Die Unterwelt tat, was sie konnte, um seine Auferstehung zu verhindern – vergeblich. Es war dem Tod unmöglich, „seine Beute zu behalten". Mit den Worten des Psalmisten: „Er zerbricht eherne Türen und zerschlägt eiserne Riegel" (Ps 107,16). Aus diesem Kampf ging er mit den Schlüsseln zu Tod und Hölle siegreich hervor. „Ich war tot, doch nun lebe ich in alle Ewigkeit, und ich habe die Schlüssel zum Tod und zur Unterwelt" (Offb 1,18 Einh).

Michelangelo zeigt uns mit einem seiner berühmten Gemälde, wie er sich diesen Sieg vorstellte: Das Tor zu jenem uralten Gefängnis ist auf den Befehl Jesu hin aus den Angeln gehoben, und unter der umgekippten Tür liegt ein zerschmetterter Dämon. Wahrlich: Der Tod konnte ihn nicht halten! – Ein begabter Schriftsteller beschrieb die Auferstehungsszene und die darauffolgende Erhöhung Christi so: „Nach einem gewaltigen Erdbeben stand er wieder auf festem Boden, sah wieder das Tageslicht und war zu der luftatmenden Menschheit zurückgekehrt. Immer höher und höher stieg er, durch die auseinanderstiebenden Wolken hindurch bis hinauf zu den Engelscharen und zu den ewigen Toren, und dann setzte er sich zur Rechten der himmlischen Majestät. Im Weltraum, im Reich des Universums, des Lichts und der Finsternis, im Raum der Ewigkeit hat unser Herr Jesus keinen Gegenspieler, und es gibt auch keine Macht, die ihm nicht die gebührende Anerkennung gewährte. Im Reich der Finsternis ist kein unbesiegter Feind mehr. Im Himmel, so scheint es, gibt es hohe und niedere Throne, bedeutende und weniger bedeutende Namen, doch Christus steht eindeutig über dem allem. Der Christus, der am Kreuz starb, der in menschlicher Gestalt aus dem Grabe stieg, wurde als Mensch erhöht, um die Herrlichkeit und Herrschaft mit dem Vater zu teilen. Er ist erfüllt mit Gott selbst und ohne Ausnahme oder Einschränkung das Haupt über *alle Dinge*."

Ja, auf dem Thron des Universums sitzt heute einer, der ist wie ein Mensch und der in der Vollmacht der Gottheit herrscht.

Christi Erhöhung und die Inthronisation der Gemeinde

Als Christus seinen Platz im Himmel einnahm, war Satan ein für allemal besiegt. Die Hölle war am Ende mit ihrer Kunst. Satan hatte keine richterliche Gewalt und kein Herrschaftsrecht mehr, und eine unendlich stärkere Macht hatte ihn auch noch seiner Waffen beraubt. Doch nicht genug damit: Als Jesus aus dem finsteren Gefängnis ausbrach und „in das himmlische Wesen gesetzt" wurde, wurden auch alle Gläubigen auferweckt und mit ihm in das himmlische Wesen gesetzt. „Aber Gott ... hat ... uns samt ... Christus lebendig gemacht ... und hat uns samt ihm auferweckt und samt ihm in das himmlische Wesen gesetzt in Christus Jesus" (Eph 2,4-6).

In seinem Tod und seiner Auferstehung mit Christus gleichgesetzt

In Gottes Augen gleicht jeder Gläubige Christus vom Kreuz bis zum Thron. Nach Gottes Wort sind wir mit Jesus gekreuzigt, begraben, auferstanden, erhöht und auf den Thron gesetzt (Röm 6; Eph 2). Wie ist das nun zu verstehen?

Es ist folgendes zu beachten: All die Schuld der Welt, die Jesus aufgeladen wurde, hatte ja mit dem Sünder selbst zu tun. So etwas wie „abstrakte" Sünde, also Sünde ohne den Sünder, gibt es nicht. Nicht allein die Sünde des Sünders wurde auf ihn geladen, sondern auch der Sünder selbst. Folglich hat Jesus das ganze Menschengeschlecht mit ans Kreuz getragen. „... da wir dafürhalten, daß, wenn *einer* für alle gestorben ist, so sind sie alle gestorben" (2 Kor 5,14). „Ich lebe; doch nun nicht ich, sondern Christus lebt in mir. Denn was ich jetzt lebe im Fleisch, das lebe ich im Glauben an den Sohn Gottes, der mich geliebt hat und sich selbst für mich dargegeben" (Gal 2,20). „Das ist gewißlich wahr: Sind wir mit gestorben, so werden wir mit leben" (2 Tim 2,11). Die ganze Menschheit war ihm im Tod gleichgestellt; doch sind nur die, die *glauben*, in seiner Auferstehung und Erhöhung mit ihm gleichgesetzt.

In seiner Erhöhung und Inthronisation mit Christus gleichgesetzt

Es überrascht uns nicht, daß *Christus* erhöht und auf den Thron im Himmel gesetzt ist. Was wir aber nur schwer verstehen, ist, daß *wir* mit ihm erhöht wurden. Und doch heißt es: „Wer dem Herrn anhangt, der ist *ein* Geist mit ihm“ (1 Kor 6,17); also muß es stimmen. Daß „alle Dinge unter *seine* Füße getan“ sind, erstaunt uns nicht; daß *uns* aber als einem Teil Christi, einem Glied seines Leibes, gewissermaßen ebenfalls alle Dinge unterstellt sind, übersehen wir oft. Wir begreifen nicht, daß er das „Haupt der Gemeinde über alles“ ist (Eph 1,22). Das bedeutet doch: Seine Herrschaft über alle Dinge kommt der Gemeinde zugute und wird ihr übertragen, damit sie das von ihm gesteckte Ziel erreichen kann.

Wir haben den hohen Stellenwert der Gemeinde in Gottes Ordnung oft unterbewertet, denn sie ist ja in gewissem Sinne Grund und Ziel all seines Tuns von Ewigkeit her. Die Gemeinde soll an seinen Plänen beteiligt sein. Sie ist sein Leib, die Fülle dessen, der alles in allem erfüllt. Natürlich ist der Leib nichts ohne das Haupt, aber Gott will auch, daß es einen Leib gibt. Beide, das Haupt und der Leib, sind von Bedeutung.

In der Überwindung Satans mit Christus gleichgesetzt

Dieselbe Wahrheit kommt im Gleichnis vom Weinstock und den Reben zum Ausdruck. So wie „die Rebe keine Frucht von sich selber bringen kann, sie bleibe denn am Weinstock“ (Joh 15,4), so kann der Weinstock keine Frucht bringen ohne die Reben, an denen die Frucht hängt. Diese Beispiele zeigen, wie Gott sich gewissermaßen aus freien Stücken Schranken gesetzt hat. Er hat seiner Gemeinde einen bestimmten Platz in der göttlichen Ordnung eingeräumt und will sein Ziel nicht ohne sie erreichen. Mit seiner „Selbstbegrenzung“ will Gott erreichen, daß die, die zu seiner Brautgemeinde gehören, das Potential, das sie als wahre Söhne Gottes besitzen, in seiner Ganzheit kennenlernen. Und er will damit auch einen Prozeß in Gang setzen, mit dem Ziel, daß seine Brautgemeinde für Zeit und Ewigkeit den Charakter seines Sohnes erwirbt. Das bedeutet dann die Erfüllung seines Planes, „viele Söhne zur Herrlichkeit zu bringen“ und sie ihrer höchsten Bestimmung, nämlich Blutsbrüder des ewigen Gottessohnes zu sein, zuzuführen.

Er hat uns als „sein Eigentum“ aufgenommen in seine Familie, das heißt, wir sind gezeugte Glieder seines Haushalts, die sich von den anderen Kreaturen darin unterscheiden, daß sie gezeugt und nicht nur erschaffen sind. Durch die Wiedergeburt sind wir zu „nächsten Angehörigen“ geworden. Wir sind organisch ein Teil Christi. Die Gläubigen haben, da sie ja ein Teil Christi sind, in ihm den Sieg über die Mächte der Finsternis errungen, die er durch seinen Kreuzestod entwaffnet und unschädlich gemacht hat. Sie haben, als er Satan die Schlüssel des Todes und der Hölle entriß und aus dem tiefsten Abgrund stieg, in ihm triumphiert. Als er gen Himmel fuhr, um seinen Platz dort einzunehmen, wurden sie in ihm erhöht. Weil Satan und die Heerscharen der Hölle unter seine Füße getan sind, sind sie gewissermaßen auch uns unter die Füße getan. Jesu Sieg ist auch unser Sieg. Jesus besiegte Satan nicht nur um seiner selbst willen. Sein stellvertretendes Opfer galt seiner Auserwählten, der Gemeinde. Er nahm um der Gemeinde willen Fleisch und Blut an, so daß er, der ohne Sünde war, in den Kampf treten und Satan überwinden konnte. So haben wir in ihm Satan bezwungen. Satan kann daher nicht länger über uns herrschen. Seiner Herrschaft über uns wurde auf Golgatha ein Ende gesetzt. Nun hat nicht mehr er Macht über uns, sondern uns ist Macht über ihn gegeben. Das heißt „mit Christus erhöht sein“.

Teuflischer Guerillakrieg

Eine große Schwierigkeit für uns besteht darin, daß wir, obwohl wir begriffen haben, wer wir sind, dies sehr schnell wieder vergessen, wenn wir von Satan bedrängt werden. Satan weiß zwar um die Bedeutung des Todes Christi auf Golgatha und seiner Auferstehung, und er ist sich auch bewußt, daß der Gläubige als ein Teil Christi Herr über ihn ist; trotzdem setzt er seinen Guerillakrieg gegen die Gemeinde fort, indem er Vorwände gebraucht, betrügt und irreführt. Wenn ein Guerillakrieg auch illegal ist, so ist er doch ein Krieg, in den man sich verwickelt sieht und der niedergeschlagen werden muß.

Wir sollen uns dafür qualifizieren, nach dem Hochzeitsmahl des Lammes mit Christus auf dem Thron zu sitzen. Der Überwinder wird mit der Krone belohnt werden. Ohne einen Gegner aber gibt es keinen Kampf, bei dem man sich im Überwinden üben könnte. Wenn Gott also beispielsweise erlaubt, daß Satan unseren Geist betrübt, dann stehen wir in der Gefahr, zu vergessen, wer wir sind. Wir gleichen dem Mann, von dem Jakobus sagt, daß er sich im Spiegel betrachtete und dann sofort wieder vergaß, wie er aussah (Jak 1,23-24).

Gerade weil wir so schnell vergessen, daß wir nicht mehr der Herrschaft Satans unterstellt sind, kann er uns bedrohen und unterdrücken. Wir denken nicht daran, daß wir in Wirklichkeit ein Teil Christi sind und daß Satan uns untertan ist. Wir fallen unbewußt in unser altes Leben, das nur Angst und Niederlage kannte, zurück, indem wir uns sehen, wie wir ohne Jesus waren, und nicht, wie wir in ihm sind. Wir müssen uns ständig in Erinnerung rufen, daß wir in Christus sind und daß Satan uns nicht antasten kann, weil er Christus nicht antasten kann.[1] „Wir wissen, daß, wer von Gott geboren ist, nicht sündigt, sondern wer von Gott geboren ist, den bewahrt er, und der Arge wird ihn nicht antasten“ (1 Joh 5,18).

Satan möchte, daß der Gläubige vergißt, daß er mit Christus auferstanden und erhöht ist, daß er jetzt höchstpersönlich, d.h. im Geist, mit Christus auf dem Thron vereint ist und seine Feinde unter seinen Füßen sind. Wenn der Gläubige nun unter seiner Furcht, seiner Krankheit, seinen Beschwerden oder anderen Kümmernissen leidet, dann nur deshalb, weil er vergißt, was Christus für ihn getan hat und wer er in Wirklichkeit ist.

Wahrhaft gleich mit Christus

Wir müssen uns ständig in Erinnerung rufen, wer wir sind, und uns selber vorsagen: „Weil ich ein Teil Christi bin, angenommen in dem Geliebten, bin ich wie Christus im Schoß des Vaters. Weil ich ein Teil Christi bin, liebt mich der Vater genauso, wie er Christus liebt (Joh 17,23.26). Als ein Teil Christi habe ich seine Weisheit, weil er ‚uns gemacht ist von Gott zur Weisheit' (1 Kor 1,30). Ebenso habe ich seine Gerechtigkeit. Meine Gerechtigkeit gilt vor Gott genau so viel wie die Gerechtigkeit Jesu, denn es ist ja *seine* Gerechtigkeit! Weil ich organisch ein Teil Christi bin – denn Haupt und Leib bilden ja eine Einheit –, ist alles, was Christus ist und hat, mir zugeschrieben."

Nach des Vaters Plan sollen alle Söhne seinem Sohn in dem Maße gleichgemacht werden, wie ein vergängliches Wesen dem Unvergänglichen gleichen kann. Diese Gleichheit bezieht sich erstens auf den Charakter, sodann auf die Vorrechte und die Macht. Das soll nicht nur eine juristische und theoretische Tatsache sein, sondern auch absolute Wirklichkeit. „Denn welche der Geist Gottes treibt, die sind Gottes Kinder … Sind wir aber Kinder, so sind wir auch Erben, nämlich Gottes Erben und Miterben Christi, wenn anders wir mit leiden, auf daß wir auch mit zur Herrlichkeit erhoben werden" (Röm 8,14.17).

Das unbegrenzte Potential der Gemeinde

Das alles beweist, daß es in Gottes Absicht liegt, daß die Gemeinde darum kämpft, in der Macht und göttlichen Freiheit bestehen zu können, die auch das Leben Jesu kennzeichneten. „Gleichwie mich der Vater gesandt hat, so sende ich euch."

Gott setzt der Gemeinde nicht willkürlich Schranken hinsichtlich des Einsatzes von göttlichen Mitteln. Er hat der bekennenden Gemeinde sich *selbst* zur Verfügung gestellt. „Von seiner Fülle haben wir alle genommen Gnade um Gnade" (Joh 1,16). „… auf daß ihr … mögt … auch erkennen die Liebe Christi, die doch alle Erkenntnis übertrifft, damit ihr erfüllt werdet mit aller Gottesfülle" (Eph 3,18-19). Wenn es eine Einschränkung gibt, dann nur durch den Gläubigen selbst.

Durch Christi Sieg über Satan sind uns die nötigen Waffen gegeben. Wie gut wir sie einsetzen, haben wir selbst zu verantworten, denn davon hängt nicht zuletzt auch unser Platz in der Brautgemeinde ab.

Kapitel sieben

Das Geheimnis nichterhörten Gebets

„Und das ist die Zuversicht, die wir haben zu ihm, daß, wenn wir etwas bitten nach seinem Willen, so hört er uns. Und wenn wir wissen, daß er uns hört, was wir auch bitten, so wissen wir, daß wir erlangen, was wir von ihm gebeten haben.“

(1 Joh 5,14-15)

In diesem Abschnitt der Heiligen Schrift wird erklärt, daß es für Gott, den Vater, eins ist, ein Gebet zu hören und es zu beantworten. Es ist dies ein göttlich inspirierter logischer Schluß. Wenn wir im Einklang mit dem Willen Gottes bitten, ist Gott logischerweise noch stärker als wir an einer Antwort interessiert, da die Bitte ja von Gott selbst herkommt. Der logische Schluß liegt folglich darin, daß Gott verheißen hat, alle Gebete zu hören und zu erhören, wenn sie seinem Willen entsprechen. Steht mein Gebet also im Einklang mit seinem Willen, ist mir die Antwort gewiß.

Warum nur ...

Angesichts dieser und noch anderer Verheißungen, die eindeutig besagen, daß Gott auf unser Bitten antworten wird, erhebt sich die Frage: Warum gibt es dann trotzdem scheinbar unerhörte Gebete? Wenn Satan rechtmäßig besiegt, entthront, entwaffnet, seiner Waffen beraubt und „unschädlich“ gemacht ist, wieso sieht man dann nicht mehr davon? Wenn die Gemeinde tatsächlich erhöht ist, wenn sie mit Christus auf dem Thron sitzt und wenn alle Feinde unter ihre Füße getan sind, wenn ihr Macht gegeben ist über alle Macht des Feindes und wenn Gott sie beauftragt hat, seinen Willen auf Erden durchzuführen – warum bestätigt sie dann nicht in viel stärkerem Maße ihren Triumph in Christus?

Wie schon erwähnt, ist die Gemeinde aufgrund ihres, wenn auch noch so schwachen Glaubens und ihrer Gebete eine treibende Kraft in menschlichen Angelegenheiten. Und doch schöpft sie ihr geistliches Potential nicht voll aus, wie es Gottes Wort zum Ausdruck bringt. Warum nur? Wo ist der Fehler zu suchen?

Verlorener Segen durch das selbstsüchtige Handeln des Menschen

Halten wir ein für allemal fest, daß der Grund für nichterhörte Gebete immer nur beim Menschen selbst zu suchen ist. Die meisten, wenn nicht sogar alle biblischen Verfasser gehen davon aus, daß alle im Einklang mit dem Willen Gottes gesprochenen Gebete beantwortet werden. Weder Jesus noch Johannes kennen so etwas wie ein nichterhörtes Gebet. „Bittet, so *wird* euch gegeben; suchet, so *werdet* ihr finden; klopfet an, so *wird* euch aufgetan. Denn wer da bittet, der *empfängt;* und wer da sucht, der *findet;* und wer da anklopft, dem *wird aufgetan*" (Mt 7,7-8). „Und was ihr bitten werdet in meinem Namen, das will ich tun ... Was ihr mich bitten werdet in meinem Namen, das will ich tun" (Joh 14,13-14; siehe auch 1 Joh 5,14-15).

Trotz dieser unmißverständlichen Verheißungen finden wir in der Heiligen Schrift auch Hinweise auf nichterhörtes Beten. So bestätigt Jakobus die Tatsache, daß es nichterhörte Gebete gibt, weist allerdings zugleich eindeutig darauf hin, daß der Grund dafür beim Menschen zu suchen ist: „Ihr bittet und empfangt nicht, darum daß ihr übel bittet, nämlich darum, daß ihr's in euren Lüsten verzehren wollt" (Jak 4,3).

Die Bitte des Paulus wird abgeschlagen

Paulus berichtet von einem nichterhörten Gebet in seinem eigenen Leben, läßt uns aber auch wissen, daß der Grund dafür auf der Seite des Menschen lag: „Und auf daß ich mich nicht der hohen Offenbarungen überhebe, ist mir ein Pfahl ins Fleisch gegeben, nämlich des Satans Engel, der mich mit Fäusten schlage, auf daß ich mich nicht überhebe“ (2 Kor 12,7). Paulus schreibt auch noch, er habe den Herrn dreimal angefleht, er möge ihn doch von diesem „Pfahl im Fleisch“ befreien, aber vergeblich. Es blieb dabei, und das hatte auch seinen Grund.

Obwohl dies das einzige Mal ist, daß uns im Neuen Testament ein derartiger Fall geschildert wird, ist diese Schilderung doch sehr wichtig und warnend. Hochmut dürfte so ziemlich die gefährlichste und fatalste Sünde sein. Er war beispielsweise schuld am Sturz Luzifers und den daraus resultierenden Tragödien, er war die Ursache für das Tohuwabohu am Anfang der Schöpfung der Erde und dafür, daß die ganze Welt „Kopf stand“. Wenn eine Kreatur sich selbst oder etwas anderes in den Mittelpunkt stellt und Gott links liegen läßt, hat das stets katastrophale Folgen, die in der Selbstzerstörung enden. Das wird uns an Satan, dem einstigen „Engel des Lichts“, besonders deutlich. Bevor er von Gott abfiel, war er das bedeutendste Geschöpf vor der Erschaffung Adams. Nach Jesaja 14 und Hesekiel 28 bewachte er, der „voller Weisheit und über die Maßen schön“ war, den Thron Gottes: „Du warst ein glänzender, schirmender Cherub, und auf den heiligen Berg hatte ich dich gesetzt ...“ (Hes 28,14). Der, der Gott am nächsten war – wie Hesekiel sagt –, nämlich Luzifer, dessen Herz erhob sich (= war voller Stolz), weil er so schön war, und hat sich in seiner Klugheit lassen betrügen durch seine Pracht (= Herrlichkeit, Glanz). In Hesekiel 28,18 heißt es: „Weil du mit deiner großen Missetat durch unrechten Handel dein Heiligtum entweiht hast, darum habe ich ein Feuer aus dir hervorbrechen lassen, das dich verzehrte und zu Asche gemacht hat auf der Erde vor aller Augen.“ Die größten aller Gaben, mit denen Gott ihn reichlich ausgestattet hatte, verleiteten ihn zu Habsucht und Gier, und er war dermaßen machthungrig, daß er sich dadurch selbst zerstörte.

Das ist ein typisches Beispiel für die Selbstzerstörung. Paulus war sich dieser Gefahr bewußt, als er Timotheus davor warnte, daß ein Ältester kein Neubekehrter oder Neuling sein darf, „auf daß er sich nicht aufblase und dem Urteil des Teufels verfalle" (1 Tim 3,6). Satan versucht in jedem Gläubigen ein „Luzifer-Syndrom" heraufzubeschwören, weil er weiß, daß dieser dadurch – so Paulus – „dem Urteil des Teufels verfällt" (1 Tim 3,6). Hochmut kommt immer vom Teufel und ist eine seiner verheerendsten Waffen. Paulus erkannte das, denn er schreibt von der Gefahr des Hochmuts bei sich wegen der „hohen Offenbarung", die ihm gegeben war (2 Kor 12,7). Um der Gefahr, „sich der hohen Offenbarung zu überheben", entgegenzuwirken und um nicht „dem Urteil des Teufels zu verfallen", war Paulus ein „Pfahl ins Fleisch" gegeben, der ihm auch auf seine Bitte hin nicht genommen werden sollte. Er diente ihm quasi als Sicherheitsmaßnahme.

Die Gefahr des geistlichen Hochmuts des Menschen

Obwohl sich Paulus in einer Situation befand, die einmalig war, können wir die Konsequenzen daraus als allgemeingültig betrachten. Es gibt nur wenige Menschen, die von der Welt oder von Gott ein Lob annehmen können, ohne gleich eingebildet zu werden. Welcher Diener Gottes kennt nicht die lockende Versuchung, geistlich hochmütig zu werden, sobald er auch nur ein wenig erfolgreich ist! Wie oft sehen wir doch in einer Gebetserhörung unseren eigenen Verdienst, selbst wenn wir scheinbar demütig bekennen: „Dem Herrn sei Lob und Dank"! Unser Ich ist durch den Sündenfall sehr anfällig geworden für Satan und seine Dämonen. C. S. Lovett drückte es einmal so aus, daß die Dämonen ständig „außerhalb von uns" lauern und den geringsten Anlaß dazu benutzen, unserer gefallenen Seele zu schmeicheln. Wer weiß, was Gott alles für seine Diener in Bewegung setzen könnte, wenn er wollte! Wenn wir auch nicht offen prahlen nach einer salbungsvollen Predigt, einer Antwort auf ein spezielles Anliegen, einem Glaubenswunder oder anderen Erfahrungen auf geistlichem Gebiet, so sind wir doch versucht, darin eine Bestätigung unseres Ichs zu sehen und uns darüber zu freuen. Wir bedürfen in besonderer Weise der Gnade Gottes, um Satan nicht in die Falle zu gehen. Da die meisten Menschen schon beim geringsten Anlaß zum Stolz neigen, offenbart sich Gott an ihnen oft nicht als die wunderwirkende Macht, um die sie gebetet haben, so gerne er das auch täte. Das soll nun aber nicht heißen, daß Gott seine Verheißung zurückgenommen hätte. Wenn er auf unsere Bitten nicht eingeht, dann deshalb, weil unsere Fehler und menschlichen Schwächen ihn daran hindern, obwohl er die Antwort schon parat hat. Wenn Gott nicht einmal das Gebet des Paulus erhörte, weil er nicht wollte, daß dieser sich „der hohen Offenbarung überhebe“, können wir daraus vielleicht ablesen, warum Gott nicht öfters die Gebete seiner Kinder erhört.

An den Stränden der Jahrhunderte liegen die Wracks vieler gestrandeter Menschenleben, in denen Gott einst Großes vollbrachte, die dann aber an den Klippen zerschellten, die man „geistlichen Hochmut“ nennt. Das meint auch Watchman Nee, wenn er sagt, Gott tue Großes an uns, wenn wir abnehmen, das heißt, wenn unser Ich kleiner wird. Wenn Gott an seinen Dienern nicht arbeitet und sie nicht von Herzen demütig werden, kann es sein, daß die Erhörung eines Gebets zu Hochmut Anlaß gibt, der bekanntlich vor dem Fall kommt. Wenn Gott dem Beter mehr vertrauen könnte, daß er demütig bleibt, wie gerne würde er dann nicht noch viel öfter Gebetserhörungen schenken!

Dies könnte auch ein Grund dafür sein, warum ein Kranker auf sein Gebet hin manchmal nicht geheilt wird. Wenn selbst für Paulus eine Gefahr in der Heilung seiner Krankheit bestand, wie viel größer mag sie dann erst in vielen anderen Fällen sein! Obwohl niemand mehr Grund hatte, sich zu erheben, als Paulus wegen der „hohen Offenbarung“, dürften nur sehr wenige die Fähigkeit besitzen, demütig zu bleiben. Vielleicht werden manche nur darum nicht geheilt, weil Gott ihren geistlichen Hochmut sieht und weil sie „dem Urteil des Teufels verfallen“ könnten. Wenn Gott es für ratsam hielt, die Bitte des Paulus um Heilung nicht zu erhören, damit er demütig bliebe, können wir daraus vielleicht eine Schlußfolgerung für unsere nichterhörten Gebete um Krankenheilung ziehen.

Gefahr durch mangelndes Beten

In den bisherigen Kapiteln wurde deutlich: Die Autorität über Satan und seine Hierarchie, die Jesus seiner Gemeinde gegeben hat, funktioniert ganz und gar innerhalb des Rahmens und Systems gläubigen Gebets, den Gott bestimmt hat. Gott hat selbst entschieden, daß diese ganze gewaltig große Autorität ohne die Gebete einer glaubenden Gemeinde überhaupt nichts bewirkt. Wenn die Gemeinde nicht betet, handelt Gott nicht, weil das seinen Plan zunichte machen würde, sie durch „training on the job“ auf ihre Herrschaft vorzubereiten, indem sie Christi Sieg auf Golgatha geltend macht. Wenn er sie nicht unbedingt zu voller Größe als sein Mitregent bringen wollte, hätte Gott das System Gebet überhaupt nicht eingerichtet. Allein im Gebet als solchem liegt keine Macht.

Gebet ist einfach das Mittel, das Gott zur Vollendung seines Wirkens in der Welt erwählt hat. Hätte er sich anders entschieden, könnte er ganz unabhängig von Gebet oder dem Mangel daran handeln, wie er will. Alle Macht hat in Gott ihren Ursprung und gehört ihm allein. Er hat Gebet nicht in erster Linie als Mittel bestimmt, durch das er selbst die Dinge getan kriegt, sondern als Teil des Ausbildungsprogramms, mit dem er die Gemeinde auf ihre königlichen Pflichten vorbereitet, die nach dem Hochzeitsmahl des Lamms auf sie zukommen werden. Wenn sie das nicht versteht und in ernsthafte Zusammenarbeit mit Gottes Gebetsplan hineinfindet, wird die Macht, die zum Überwinden und

Binden Satans auf Erden gebraucht wird, nicht freigesetzt. Gott hat die Macht, Satan ohne Zusammenarbeit mit der Gemeinde durch Gebet und Glauben zu überwinden, wenn er das aber ohne sie machte, würde es sie ihrer Überwinden-Übung und der daraus resultierenden Stärke berauben. Dies ist Gottes Hauptgrund für die Einrichtung des Systems Gebet und bindet ihn eindeutig daran, auf Gebet zu antworten. *Deshalb gibt es keine Autorität außer durch beharrliches, gläubiges Gebet.*

Groß im Organisieren, aber armselig im Beten

In dem Maße, in dem die Gemeinde das Gebet bzw. die Fürbitte nicht ernst nimmt, in dem Maße bindet sie – so glaube ich – Gott die Hände und verliert ihr Recht auf Gebetserhörung. Daß unsere Gebete oft nicht erhört werden, liegt in der Hauptsache daran, daß wir so wenig oder gar nicht beten. „Ihr habt nicht, weil ihr nicht bittet."

Wie schon erwähnt, ist das soziale Gefüge bislang vor dem totalen Verfall bewahrt geblieben, obwohl nur wenige – und das auch sehr selten – beten. Für die Gebetslosigkeit der Gemeinde bedarf es keines Beweises. Jedermann hat es vor sich selbst zu verantworten, wenn er nicht betet.

Die Tage der großen Beter scheinen vorbei zu sein. Die Kirche im Westen kennt nicht mehr die Ausdauer, mit der die missionarischen Gemeinden in Asien, Afrika, Südamerika, Indonesien oder die Untergrundkirche beten. Wir sind zwar groß im Organisieren, aber armselig im Beten. Weil wir im Gebetsleben nachlässig sind, geschieht auch so wenig!

Geistliche Tretmühlen

Die örtliche Gemeinde hat in der Regel ein gutes Schulungsprogramm, sei es in der Sonntagsschule, in Kurzbibelschulen oder ähnlichem. Sie bietet mitunter Jugendprogramme an, die Einsätze im sozialen Bereich vorsehen, und Bibelfreizeiten, Schulungen für Lehrkräfte und Kurse für die private Evangelisation. Viele Gemeinden führen große evangelistische Einsätze mit bekannten Evangelisationsteams und einem guten Rahmenprogramm durch. Viele haben eine solide, gutstrukturierte und sehr erfolgreiche Verwaltungs- und Finanzgrundlage. Das alles mag richtig und gut sein.

Ich will keines dieser Programme abwerten, im Gegenteil; sie mögen wirklich gut sein. Aber wenn sie einen Ersatz für ein effektives Gebetsleben darstellen, dann werden sie wohl nichts ausrichten bei der Bekämpfung des Reiches Satans. Eine Gemeinde ohne ein fundiertes, gut organisiertes und systematisches Gebetsprogramm befindet sich ganz einfach in einer religiösen Tretmühle. Es ist zu befürchten, daß diese Beschreibung auf einen Großteil der Programme der Gemeinden von heute zutrifft.

Wenn wir mit den Augen Gottes sehen könnten, würden wir eine Unmenge riesiger geistlicher Tretmühlen sehen, die sich überall auf der Weit drehen. Daß so vieles in Bewegung ist, mag uns ermutigen. Es kann sein, daß ein enormer Einsatz an Kraft dahintersteckt und viel, viel Zeit aufgewendet wird; es mögen riesige Summen an Geldern ausgegeben werden; es mag ein Gefühl von guter Leistung und Erfolg vermitteln; es mag unserem Ich schmeicheln. Jedoch tritt die Gemeinde mit jedem Programm, wie toll es auch sei, ein bißchen eine geistliche Tretmühle, es sei denn, sie steht mit ihren Gebeten voll dahinter. Wenn nicht, fügt sie dem Reich Satans nur wenig oder gar keinen Schaden zu.

Gebet ist das Zentrum des Geschehens

Wenn unsere Gebets-Theologie der Schrift entspricht, dann *ist Gebet das Zentrum des Geschehens*. John Wesley hatte recht mit seiner Aussage: „Gott tut nichts außer als Antwort auf Gebet", und S. D. Gordon sagte: „Gebet ist der Treffer. Der Dienst sammelt auf, was getroffen wurde." Auch E. M. Bounds hatte recht: „Gott formt die Welt durch Gebet. Die Gebete der Heiligen Gottes sind der Kapitalvorrat im Himmel, durch den Gott sein großes Werk auf Erden weiterführt." Früher habe ich diese Behauptungen bezweifelt. Erst als ich die tieferen Aspekte der Gebets-Theologie besser verstand, war ich von ihrer Wahrheit überzeugt. Diese Aussagen stimmen, und also ist Gebet tatsächlich im Zentrum des Geschehens.

Israel und Amalek

Daß da, wo etwas geschieht, immer das Gebet dahintersteckt, zeigt uns der Kampf zwischen Israel und Amalek. Gott hatte Israel aus Ägypten geführt und es ins Verheißene Land gebracht, damit es dort den Messias hervorbrächte. Satan, der große Widersacher Gottes, der seinen Erlösungsplan durchkreuzen wollte, versuchte Israel daran zu hindern, daß es das Verheißene Land erreichte. Er hetzte die Heidennation Amalek (Nachkommen Ismaels) gegen Israel auf und versuchte die Amalekiter als sein Werkzeug gegen Israel zu mißbrauchen.

Bei der Vorbereitung auf den Kampf sagte Mose zu Josua: „Erwähle uns Männer, zieh aus und kämpfe gegen Amalek; morgen will ich oben auf dem Hügel stehen mit dem Stab Gottes in meiner Hand. Und Josua tat, wie Mose ihm sagte, und kämpfte gegen Amalek. Mose aber und Aaron und Hur gingen auf die Höhe des Hügels. Und wenn Mose seine Hand empor hielt, siegte Israel; wenn er aber seine Hand sinken ließ, siegte Amalek" (2 Mo 17,9-11). Wie es weiterging, wissen wir alle: Wenn Mose müde wurde und seine Arme ausruhen mußten, standen Aaron und Hur zu beiden Seiten und stützten ihn, bis Amalek endlich besiegt war und das nächste Stück in Gottes Plan mit dem messianischen Volk verwirklicht werden konnte.

Der Sieg auf dem Berggipfel

Oberflächlich betrachtet fand der Kampf dort statt, wo die Truppen gegeneinander kämpften, nämlich auf dem Schlachtfeld. Der geistlich Verständige aber weiß, daß der eigentliche Kampf oben auf dem Hügel ausgefochten und gewonnen wurde, da, wo Mose, Aaron und Hur mit vereinten Kräften den Stab, das Symbol der Macht Gottes, emporhielten.

Die Amalekiter waren mehr oder weniger Satans Werkzeuge. Sie standen unter dem Einfluß satanischer Mächte. Wenn die drei sich auf dem Berg in gläubiger Fürbitte zusammentaten, waren den dämonischen Mächten, die die Amalekiter antrieben, die Hände gebunden, so daß sie nichts mehr ausrichteten. Dann siegte Israel. Wenn aber Mose müde wurde und ausruhen mußte, waren die bösen Mächte wieder los, und Israels Feinde erstarkten. Darum halfen Aaron und Hur Mose, indem sie seine Arme stützten, und er betete, bis die Sonne unterging. So besiegte Josua Amalek, lesen wir in der Bibel.

Der eigentliche Kampf fand also auf dem Berggipfel statt. Dort wurden die bösen Geister gebunden, so daß Josua und Israel den Sieg davontragen konnten. Die entscheidende Schlacht wurde „auf den Knien" errungen. Josua und Israel haben lediglich „die Resultate eingesammelt". Fazit: Wo etwas geschieht, steht immer Gebet dahinter.

Wenn wir das begriffen haben, werden wir im Gebet das größte Vorrecht sehen, das ein Christ haben kann; denn durch das Gebet ist der Beter wie der Pfarrer, Evangelist, Missionar oder sonst ein Kämpfer Christi im geistlichen Kampf an die vorderste Front gestellt. Und er verfügt über Waffen, die so schlagkräftig sind wie die der ganz großen geistlichen Führer. – S. D. Gordon drückte es einmal so aus: „Das Gebet verbindet Länder und Völker miteinander. Durch das Gebet kann ich Herzen im fernen Indien oder China erreichen und sie für Gott gewinnen, so, als wäre ich tatsächlich dort." Und: „Ein Mensch kann sich zurückziehen, die Tür hinter sich schließen und eine halbe Stunde für Gott in Indien verbringen ... wie wenn er persönlich dort wäre" (*„Quiet Talks On Prayer"* = Leise Gespräche über das

Gebet). Mit anderen Worten: Das Gebet ist weder an Ort noch Zeit gebunden. Deshalb konnte auch Alexander MacLaren, als er über die Arbeit auf dem Missionsfeld sprach, sagen, daß, wenn zu Hause viel gebetet wird, auf dem Missionsfeld Kräfte frei werden, und wenn wenig oder gar nicht gebetet wird, auch das sich draußen bemerkbar macht.

Gesucht: Gebet, nicht hohe Persönlichkeiten

Können wir uns vorstellen, daß menschliche Begabung, die hypnotische Kraft einer großen Persönlichkeit, der Zauber menschlicher Anziehungskraft, Redegewandtheit, Redekunst oder dergleichen einen Menschen von den Fesseln Satans befreien? Es mag sein, daß Gott sich hier und da solcher Gaben bedient; sie allein aber vermögen auch nicht einen Menschen aus der Knechtschaft der Sünde zu befreien. „… das Fleisch ist nichts nütze …“ (Joh 6,63).

Gesucht: Gebet, nicht Redegewandtheit

Die geistlichen Siege werden in erster Linie weder auf der Kanzel noch im Scheinwerferlicht der Öffentlichkeit errungen noch durch lautes Trompetengeschmetter, sondern im verborgenen Gebetskämmerlein. Die einzige Macht, die Satan überwindet und Menschen aus seinem Würgegriff befreit, ist der *Heilige Geist*, und die Kraft des Heiligen Geistes wird durch das vertrauensvolle Gebet freigesetzt.

Gott sei Dank für Männer wie Billy Graham, die er mit großen Gaben und Fähigkeiten im Predigeramt beschenkt hat. Wir wollen sie an dieser Stelle nicht abwerten, und doch muß gesagt sein, daß nicht Billy Graham es war, der mit seinen überdurchschnittlichen Gaben und außergewöhnlichen Fähigkeiten, mit seiner hervorragenden Rhetorik oder psychologischen Überzeugungskraft bereits Tausende von Menschen veränderte. Es war vielmehr die Macht des Gebets und Glaubens der Millionen Beter, die ihn in seinem Dienst unterstützten. Vom geistlichen Standpunkt aus gesehen liegt der „Erfolg“ Billy Grahams vor allem darin, daß sein Einsatz von der Fürbitte und den Gebeten anderer mitgetragen wird. Durch diese geistliche Rückendeckung kann Satan samt seinen Legionen bezwungen werden wie damals im Kampf gegen Amalek, als Mose, Aaron und Hur in Fürbitte hinter Josua und Israel standen.

Gesucht: Gebet, nicht Geschick

Der geistliche Erfolg derer, die die Frohe Botschaft von der Kanzel, im Radio oder Fernsehen verkündigen, ist demnach nicht in erster Linie darauf zurückzuführen, daß sie ein besonderes Geschick für diese Art der Verkündigung haben bzw. daß ihre Predigt „unter die Haut“ geht. Sicher sind solche Dinge nicht ohne Bedeutung. Aber vor allem durch das aufrichtige Gebet der Gläubigen wird die Macht freigesetzt, die Satan bindet und Menschenleben verändert.

Genauso ist es bei einem christlichen Buch: Der Autor muß die Kunst der Schriftstellerei beherrschen. Aber selbst dann bleibt es ein „Buch mit sieben Siegeln“, wenn nicht der Heilige Geist Herz und Sinn des Lesers aufschließt und die Botschaft begreiflich macht. Auch hier gilt wieder: Das Geheimnis des Erfolgs liegt im *Gebet*, denn wo etwas geschehen soll, muß gebetet werden.

Das Gebet und sein Lohn

Vielen Menschen tut es leid, daß sie nicht einen Dienst in der Mission oder sonstige besondere Aufgaben angenommen haben. Ihnen sei gesagt, daß ihre Fürbitte genauso viel vermag und ebenso belohnt werden wird, als wären sie selbst hinausgegangen aufs Missionsfeld. Die, die sich darüber beklagen, sie seien stiefmütterlich behandelt worden in ihrem Leben, weil sie nicht glänzen können mit ihren Gaben und Fähigkeiten, oder die, die wegen ihres Alters oder einer Krankheit kürzertreten müssen, können in gleicher Weise wie die „Talentierten“ teilhaben am himmlischen Lohn, indem sie einfach beten, und das deshalb, weil nur da etwas geschieht, wo gebetet wird.

„Wer einen Propheten aufnimmt darum, daß er ein Prophet ist, der wird eines Propheten Lohn empfangen. Wer einen Gerechten aufnimmt darum, daß er ein Gerechter ist, der wird eines Gerechten Lohn empfangen“ (Mt 10,41). Wenn allein schon Gastfreundschaft belohnt werden wird, dann wird es der Dienst der Fürbitte sicher nicht weniger.

Bitte kein Selbstmitleid!

Hier ist nicht der Platz für Selbstmitleid oder Neid auf die Begabteren, sofern man bereit ist, an dem Platz, an den man gestellt ist, im Gebet zu kämpfen. Auch der namenlose Christ im hintersten Winkel der Welt, der nicht beachtet wird und weit weg vom Schlachtfeld kämpft, ist von Bedeutung. Er wird, wenn er Glauben hält, den gleich hohen Lohn empfangen, den das größte und begabteste geistliche Haupt erhalten wird.

Daniel betet

Ein weiteres Beispiel zu dem Thema „Gebetskampf“ finden wir in Daniel, Kapitel 10. Wieder geht es um das messianische Volk. Nachdem Daniel drei Wochen lang gefastet hatte, hatte er eine Vision über die Zukunft des Volkes. Während der ganzen Zeit trauerte Daniel um sein Volk, das heißt, er betete für Israel und die Zukunft dieses Volkes. Als dann der Engel mit der Botschaft vom Himmel erschien, offenbarte er Daniel den erschreckenden Grund für die große Verspätung.

Daniels Gebet wurde im Himmel vernommen an dem Tag, da er zu beten anfing, und gleich darauf wurde der Himmelsbote mit der Antwort entsandt. Aber er wurde behindert. In der Heiligen Schrift lesen wir dazu: „Und er (der Bote) sprach zu mir:

Fürchte dich nicht, Daniel; denn von dem ersten Tage an, als du von Herzen begehrtest zu verstehen und anfingst, dich zu demütigen vor deinem Gott, wurden deine Worte erhört; und ich wollte kommen um deiner Worte willen. Aber der Engelfürst des Königreichs Persien hat mir 21 Tage widerstanden; und siehe, Michael, einer der Ersten unter den Engelfürsten, kam mir zu Hilfe, und ihm überließ ich den Kampf mit dem Engelfürsten des Königreichs Persien" (Dan 10,12-13).

Der Kampf in der unsichtbaren Welt

Damit haben wir einen historischen Bericht über einen Kampf, der sich in der unsichtbaren Welt tatsächlich zutrug. (Zweifelsohne gibt es viele solcher Auseinandersetzungen, die ständig dort ausgefochten werden.) Es ist der Bericht über ein Gefecht, das sich auf zwei Ebenen abspielt: Unten am Fluß sitzt ein Mann, der fastet und betet. Er müht sich ab, er bittet, er bettelt, er drängt, er fleht inständig, er ringt und kämpft, er quält sich. Er trauert Tag für Tag. Im Propheten Jeremia hat er von den 70 Jahren Gefangenschaft gelesen und weiß, daß es bald soweit ist. Die Zeit der Erfüllung ist fast da. Und er weiß um die Macht der Fürbitte.

Gottes Entscheidung fiel wie üblich im Himmel. Und ein Mensch wurde beauftragt, diese Entscheidung auf der Erde durch Fürbitte und Glauben herbeizuführen. Dieser Kampfabschnitt, also das Gebet am Fluß, fand auf einer Ebene statt, die wir wahrnehmen können; den anderen aber konnte man mit dem menschlichen Auge nicht sehen. Solange Daniel so auf dem Boden lag und betete, wütete zur gleichen Zeit ein ebenso heftiger Kampf im Himmel. Zwei Engel und möglicherweise die ihnen unterstellten Geistwesen waren in ein grausames Gefecht verwickelt, das drei Wochen dauerte.

Ich glaube, daß diese beiden Kampfebenen eng miteinander verbunden waren und daß Daniels Ausdauer im Gebet eine sehr wichtige Rolle spielte. Obwohl ihm die Antwort auf seine Gebete gewiß und schon unterwegs zu ihm war, hätte sie ihn vielleicht doch nicht erreicht, wenn er vorher aufgegeben hätte. Ich glaube, die entscheidende und eigentliche Schlacht wurde da ausgefochten und gewonnen, wo gebetet wurde, nämlich unten am Fluß.

Warum „dringend" bitten?

Aus dem oben erwähnten Bericht in Daniel können wir entnehmen, warum unsere Gebete oft nicht erhört werden, wie wir meinen. In 1. Johannes 5 wird uns zugesagt, daß keines unserer Gebete, sofern sie mit dem Willen Gottes einiggehen und wir an ihre Erfüllung glauben, unbeantwortet bleiben wird. Nun aber ist da Satan, der alle Hebel in Bewegung setzt, damit die Antwort nicht bis zum Beter durchdringt. Das beharrliche und dringende Bitten will nun keineswegs Gott zu überreden versuchen, denn er ist ja bereit zu helfen; es soll vielmehr dazu dienen, daß Gott die uns entgegenstehenden feindlichen Mächte niederschlagen kann.

Ich persönlich sehe das ganze Problem so: Da wir durch das Gebet lernen sollen, Satan zu überwinden, wird Gott nicht einfach von sich aus die dämonische Blockade niederreißen; sonst könnte die Gemeinde nicht zur vollen Reife heranwachsen und sich als Überwinderin für den Thron qualifizieren. Diese Erklärung gibt uns wenigstens die Bibel auf die Frage, warum wir „dringend" bitten sollen.

Es kann sein, daß viele Gebete, die im Himmel schon beantwortet sind, aus dem Grund nie ankamen, weil der Beter müde wurde, sich entmutigen oder einschüchtern ließ und den Kampf aufgab.

Jesus berichtet von einem Mann, der seinen Nachbarn um drei Brote bat und sie schließlich auch bekam, weil er ihn immer wieder darum bat. Jesus sagt dann abschließend (ich erweitere den Text ein wenig): „Bittet, ja bittet immer wieder, so wird euch gegeben; suchet, ja suchet immer wieder, so werdet ihr finden; klopfet an, ja klopfet immer wieder an, so wird euch aufgetan" (Lk 11,9).

In diesem Zusammenhang sei auch die Stelle erwähnt, in der Gott den Propheten Habakuk wissen ließ: „Die Weissagung wird ja noch erfüllt werden zu ihrer Zeit und wird frei an den Tag kommen und nicht trügen. Wenn sie sich auch hinzieht, so harre ihrer; sie wird gewiß kommen und nicht ausbleiben" (Hab 2,3).

Ein Grund, warum viele Gebete scheinbar nicht erhört werden, ist der, daß der Beter zu beten aufhört, noch bevor er eine Antwort hat.

Hier ein Zitat aus dem schon erwähnten Buch „Quiet Talks On Prayer" von S. D. Gordon: „Es ist eine harte Auseinandersetzung. Satan ist ein ausgekochter Stratege und ein verbissener Kämpfer. Er gibt sich nicht eher geschlagen, als er es unbedingt muß. Er kämpft um sein Leben ... Der Feind gibt nur das her, wozu er gezwungen wird. Er läßt nur das los, was ihm genommen wurde. Folglich muß man ihm Schritt für Schritt den Boden unter den Füßen entziehen ... Er startet immer wieder einen Angriff; darum muß man ihm im Namen des *Siegers* immer wieder vor Augen halten, was ihm nicht gehört." – „Um deswillen ergreifet die Waffenrüstung Gottes, auf daß ihr an dem bösen Tage Widerstand tun und alles wohl ausrichten und das Feld behalten möget. So stehet nun, umgürtet an euren Lenden mit Wahrheit und angetan mit dem Panzer der Gerechtigkeit" (Eph 6,13-14).

Es ist eine Sache des Willens, um die gekämpft wird. Wenn Satans Wille, Ausdauer und Entschlossenheit stärker sind als die des Beters, unterliegt letzterer. Was jedoch für den Beter spricht, ist der Sieg Christi. Darum muß er keine Niederlage fürchten. Beharrliche Fürbitte, verbunden mit dem rechten Glauben, führt immer zum Sieg!

Warum so wenig gebetet wird

Gebetslosigkeit und der Mangel an beharrlicher Fürbitte, haben wir gesagt, sind der Grund dafür, daß unsere Gebete nichts ausrichten. Wenn wir nun an die zahlreichen Zusagen denken, die Gott uns im Hinblick auf die Gebetserhörung gegeben hat, stellt sich uns die Frage: *Warum* wird dann das Gebet in der Gemeinde so sehr vernachlässigt? Warum betet die Gemeinde so wenig?

Es könnten jetzt viele Gründe aufgezählt werden, aber vielleicht ist der wichtigste Grund der mangelnde Glaube an die Autorität der Bibel. Wenn die Gemeinde absolut davon überzeugt wäre, daß die Verheißungen – z. B. „Bittet, so wird euch gegeben; suchet, so werdet ihr finden; klopfet an, so wird euch aufgetan“ (Mt 7,7) – in Erfüllung gehen, dann würde Gebet zur wichtigsten Sache ihres Lebens. Der *Unglaube* an die Autorität der Heiligen Schrift ist die Hauptursache dafür, daß so wenig gebetet wird. Er sitzt so tief in uns, daß uns das nicht einmal mehr bewußt ist. Erst das kümmerliche Gebetsleben der Gemeinde macht uns wieder darauf aufmerksam.

Das Wort Gottes und seine Bedeutung

Wir müssen uns zunächst einmal darüber im klaren sein, was das Wort Gottes ist. Erich Sauer meint in seinem Buch „Der König der Erde“, die Natur des Menschen offenbare sich in erster Linie darin, wie er sich ausdrücke: „Die Sprache ist die direkte Selbstoffenbarung des inneren Menschen bzw. einer Person. Die Gedanken sind sozusagen die Sprache des Geistes im Innern, und das gesprochene oder geschriebene Wort ist der Körper der Gedanken. Die Sprache ist das Mittel, wodurch sich der Geist offenbart.“ – Du bist, was du denkst.

Wenn die Gedanken – wie aus diesem Abschnitt hervorgeht – ein wesentlicher Bestandteil eines Menschen sind, dann gehört auch die Sprache dazu, denn sie ist ja der Körper der Gedanken.

Also muß auch das Wort Gottes ein Teil von Gott selbst sein, ja er ist sogar in ihm lebendig.

Im strengen Sinne ist natürlich Jesus Christus das Wort in Person. Er ist das Wort, das am Anfang beim Vater war (Joh 1, 1). Er wird „das Wort“ oder „Logos“ genannt, denn in ihm offenbart sich der Vater: „Niemand hat Gott je gesehen; der eingeborene Sohn, der in des Vaters Schoß ist, der hat ihn uns verkündigt“ (Joh 1,18).

Das ewige Wort lebt heute zwar nicht im Fleisch unter uns; dafür haben wir aber sein Gegenstück, den Tröster, den er gesandt hat, nämlich den Heiligen Geist (Joh 16,7). Der Heilige Geist hat Menschen dazu inspiriert, über das Wesen und Handeln Gottes zu schreiben, und das Ergebnis nennen wir heute „die Bibel“. – „Denn alle Schrift, von Gott eingegeben, ist nütze zur Lehre, zur Aufdeckung der Schuld, zur Besserung, zur Erziehung in der Gerechtigkeit, daß ein Mensch Gottes sei vollkommen, zu allem guten Werk geschickt“ (2 Tim 3,16-17). Obwohl er sich verschiedener Menschen bediente, die bereit waren, Gottes Wort niederzuschreiben, ist das, was geschrieben wurde, tatsächlich das Wort Gottes. Dieses geschriebene Wort Gottes ist der Körper der Gedanken Gottes. Das geschriebene Wort besteht nicht einfach nur aus Worten, sondern Gott hat ihm seinen lebenspendenden Atem eingehaucht. Es ist daher *lebendig* (Hebr 4,12), eine Offenbarung Gottes, ein „Körper“ für den Heiligen Geist. So gesehen ist das Wort Gottes wirklich ein Teil von Gott selbst, in dem er lebendig ist.

Das geschriebene Wort nimmt in gewissem Sinne heute den Platz Jesu ein. Es ist von seiner Person erfüllt. In der Bibel ist all das enthalten, was Jesus verkörperte. Da die Worte Jesu ja ein Teil von ihm selber sind, liegt auch die Macht und Autorität, die er besitzt, in der Bibel verborgen. Das geschriebene Wort trägt die gleiche Vollmacht in sich wie das gesprochene Wort Jesu. Daher hat dieses lebendige Wort, wenn es von den Lippen eines Christen kommt, der im Glauben die Treue hält, nicht zweifelt und vollkommen los ist von Satan, dieselbe Vollmacht, wie wenn es aus dem Munde Jesu käme. Wenn die Gemeinde nicht heimlich mit dem Unglauben liebäugeln würde, könnte sie ständig in der Vollmacht Jesu handeln. Gott sei Dank gibt es aber auch heute gläubige Menschen, durch die diese Vollmacht sichtbar wird.[1]

Gott ist sowohl der Verfasser der Heiligen Schrift als auch der, der sie erfüllt. Gott und sein Wort sind nicht voneinander zu trennen. Darum konnte auch Jesus sagen, die Schrift könne nicht gebrochen werden (Joh 10,35). Sie ist von Gott inspiriert und daher unfehlbar. Wenn Gott nicht zu dem Wort stehen würde, das aus seinem Mund geht, wäre er nicht Gott.

Hilfe für unser krankes Gebetsleben

Wenn wir das Vorangegangene begriffen haben, erübrigt sich die Warnung einiger sogenannter Bibelkenner, die in einer derartigen Hochachtung vor der Bibel als dem unfehlbaren Wort Gottes einen Götzendienst sehen. Trifft das denn tatsächlich auch zu, wenn wir an das soeben Gesagte denken und an das, was Gott selbst über sein Wort sagt? „Gott ist nicht ein Mensch, daß er lüge, noch ein Menschenkind, daß ihn etwas gereue. Sollte er etwas sagen und nicht tun? Sollte er etwas reden und nicht halten?“ (4 Mo 23,19). „Denn ich will wachen über meinem Wort, daß ich's tue“ (Jer 1,12).

Der Verfasser des Hebräerbriefes schreibt, daß es für Gott unmöglich ist, zu lügen (Hebr 6,18). In Joh 10,35 sagt Jesus klipp und klar: „... die Schrift kann doch nicht gebrochen werden.“ Er setzte sogar sein Siegel auf die Richtigkeit der Heiligen Schrift, indem er zu den Juden sagte: „Sie ist's, die von mir zeugt“ (Joh 5,39), und er verbürgte sich für sie: „Dein Wort ist die Wahrheit“ (Joh 17,17). Daß Gott sein Wort selber hoch schätzt, kommt in wunderbarer Weise auch in Psalm 138,2 zum Ausdruck: „... denn du hast deinen Namen und dein Wort herrlich gemacht über alles." Vielleicht begreifen wir diese Aussage nicht in ihrer vollen Tiefe, aber wir dürfen daraus schließen, daß Gott absolut zu seinem Wort steht. Seine Ehre ist eng und untrennbar mit seinem Wort verknüpft.

Würde die Gemeinde an die Unfehlbarkeit des Wortes Gottes als an eine Tatsache glauben, wäre ihr Gebetsleben wieder heil.

Rechter Glaube führt zum Ziel

Wenn also auf ein Gebet, das im Einklang mit dem Willen Gottes steht, angeblich keine Antwort erfolgt, kann das mehrere Gründe haben: Satan versucht uns irrezuführen, er will uns einschüchtern und sich uns widersetzen; hinzu kommt unsere Blindheit, Unwissenheit, Furchtsamkeit, unsere persönliche Charakterschwäche und unser Mangel an unerschrockenem, standhaftem Glauben.

Weil Gott Gott ist, kann er unmöglich für nichterhörte Gebete verantwortlich gemacht werden. „Gott ist wahrhaftig und alle Menschen Lügner" (Röm 3,4). Gott kann nicht lügen (Tit 1,2). „... die Schrift kann doch nicht gebrochen werden" (Joh 10,35).

Wir wollen keinen Zweifel mehr aufkommen lassen bezüglich der Unfehlbarkeit des Wortes Gottes. Der Glaube kommt nicht eher zum Ziel, als bis wir einsehen, daß wir für unser Versagen selbst verantwortlich sind. Der Grund für nichterhörte Gebete ist einzig und allein beim Menschen zu suchen.

Alexander MacLaren ist der Ansicht, daß wir, wenn wir uns selber besser verstehen würden und mit den Augen Gottes sehen könnten, nichterhörte Gebete in der Unvollkommenheit unseres Christenlebens begründet sähen. Der Gläubige kann also ganz sicher sein, daß er, wenn sein Glaube echt ist und er sich völlig Gottes Willen unterwirft und wenn er in seinem Licht bleibt, auf jeden Fall Antwort auf seine Bitten erhält. Solange die Antwort ausbleibt, soll er wissen, daß es ihm an Glauben mangelt, denn „… euch geschehe nach eurem Glauben“ (Mt 9,29). „Wenn ihr Glauben habt und nicht zweifelt … wenn ihr werdet sagen zu diesem Berge: Hebe dich auf und wirf dich ins Meer! so wird's geschehen“ (Mt 21,21). „… Alles, was ihr bittet in eurem Gebet, glaubt nur, daß ihr's empfangt, so wird's euch werden“ (Mk 11,24). „… Alle Dinge sind möglich dem, der da glaubt“ (Mk 9,23).

Kapitel acht

Schwierigkeiten im Glaubensleben

„Jesus aber sprach zu ihm:
Alle Dinge sind möglich dem, der da glaubt."

(Mk 9,23)

Wenn es um den lebendigen Glauben, den Glauben, der nicht zweifelt, geht, stoßen wir auf ein ganz reales Problem. Es gibt viele, die regelmäßig ihre Stille Zeit halten und auch ein diszipliniertes Gebetsleben führen, die sich aber nie so ganz sicher sind, ob sie auch erhört werden, denn ihr Glaube ist versuchlich, schwach und unsicher, ja zuweilen sogar voll Zweifel.

Viele Glieder des Leibes Christi leiden unter diesem Zustand. Gar manches gut organisierte Gebetsprogramm erleidet eine Schlappe, weil der triumphierende Glaube fehlt. Es wissen auch nur wenige, wie sie zu diesem Überwinderglauben gelangen können, und darum bleiben viele Beter in der Frustration und Niederlage stecken. Wie überwindet man diese Schwierigkeiten?

„Lobpreis" heißt die Antwort

Wir haben zwar viel über das Gebet, aber noch wenig über den Lobpreis gesagt. Die Bibel hebt jedoch den Lobpreis viel stärker hervor als das Gebet. Der gesamte Kosmos und alles, was da lebt und webt, soll dem Schöpfer lobsingen (siehe dazu besonders die Psalmen 148 bis 150). In Psalm 145,10 heißt es: „Es sollen ... alle deine Werke ... dich loben."

Gott zu loben ist auch die wichtigste Aufgabe der Engel. Der Himmel ist voller Lobgesang. Cherubim und Seraphim beten Gott ohne Unterlaß an. „Und eine jegliche der vier Gestalten hatte sechs Flügel, und sie waren außen herum und inwendig voll Augen, und sie hatten keine Ruhe Tag und Nacht und sprachen: Heilig, heilig, heilig ist Gott der Herr, der Allmächtige, der da war und der da ist und der da kommt" (Offb 4,8). „Und ich sah und hörte eine Stimme vieler Engel um den Thron und um die Gestalten und um die Ältesten her, und ihre Zahl war vieltausendmal tausend, und sprachen mit großer Stimme: Das Lamm, das erwürgt ist, ist würdig, zu nehmen Kraft und Reichtum und Weisheit und Stärke und Ehre und Preis und Lob" (Offb 5,11-12). „Und ich hörte, und es war wie eine Stimme einer großen Schar und wie eine Stimme großer Wasser und wie eine Stimme starker Donner, die sprachen: Halleluja! Denn der Herr, unser Gott, der Allmächtige, hat das Reich eingenommen" (Offb 19,6). Wir können uns für unser Leben auf Erden mit Sicherheit ein Beispiel nehmen an dem, was so viel Zeit und Kraft im Himmel in Anspruch nimmt.

Praktische Auswirkungen des Lobpreises

Irgendwie hat die Gemeinde im allgemeinen dem Lobpreis nicht den gebührenden Raum gegeben. Viele sehen in ihm nur eine schöne Wortmalerei, die darüber hinaus wenig praktischen Wert hat. Aber wenn die wichtigste Aufgabe der Engel darin besteht, Gott zu loben, dann muß das doch einen triftigen Grund haben. Wenn der Himmel es für wichtig genug hält, daß Gott Tag und Nacht gepriesen wird (Offb 4,8), dann muß das gewaltige Auswirkungen haben. Würde Gott sonst so etwas im Himmel dulden, wenn es unnütz und absurd wäre?

Wir wollen dieser Frage nachgehen und den Lobpreis von der praktischen Seite betrachten.

Lobpreis dient unserer Charakterbildung

Wenn die wichtigste Funktion der himmlischen Heerscharen darin besteht, Gott zu loben, dann muß logischerweise auch die des Menschen in der Anbetung Gottes liegen.

So wie die Feindseligkeit, die Feindschaft gegen Gott und das Fluchen – alles Dinge, die in uns stecken – alles Abscheuliche unterstützen, so bestärkt das Lob und die Anbetung des unendlich großen Gottes unseren inneren Menschen und macht ihn edel, transzendent und Gott ähnlicher. Im Lob und in der Anbetung werden wir Stück für Stück, von einer Herrlichkeit zur anderen, umgestaltet in das Bild des ewigen Gottes. Daher möchte ich sagen, daß die Anbetung die sinnvollste Beschäftigung und Tätigkeit ist, die Gott in den Stand setzt, mit dem Universum zum höchsten Ziel, nämlich „viele Söhne zur Herrlichkeit zu bringen", zu gelangen.

Lobpreis hält uns psychisch gesund

In den letzten Jahren haben sich die Gläubigen viel Gedanken gemacht zum Thema „psychische Gesundheit". Man spricht davon, daß heutzutage die Krankenhausbetten zur Hälfte belegt sind mit Gemüts- und Nervenkranken. Es wurden große Nervenkliniken gebaut und Psychiater ausgebildet, die sich mit dieser Problematik auseinandersetzen.

Ich bin überzeugt davon, daß ein umfangreiches Programm, das die persönliche und gemeinsame Anbetung des Schöpfers zum Inhalt hat, viele Psychiater arbeitslos machen und so manche Nervenklinik leeren würde. Die Ursache unserer Nerven- und Geisteskrankheiten liegt oft darin, daß wir uns zu sehr mit uns selbst beschäftigen, zu egozentrisch sind. Wenn das eigene Ich zum Mittelpunkt wird (und das meint der Begriff „Egozentrik"), schadet das uns nur. Aus extremer Ichbezogenheit entsteht Abwehr, Feindseligkeit und aggressives, unsoziales Verhalten. Dies sind – so die Psychiater – Symptome der Geisteskrankheit, die der Behandlung bedürfen. Wer sich selbst zum Mittelpunkt macht, zerstört sich. Diese Tatsache finden wir in den Worten Jesu bestätigt: „Wer sein Leben erhalten will, der wird es verlieren –, wer aber sein Leben verliert um meinetwillen, der wird's erhalten" (Lk 9,24).

Lobpreis rückt uns aus dem Mittelpunkt

Lobpreis ist für uns selber auch schon deshalb von großem Wert, weil er unser Ich aus dem Mittelpunkt rückt. Die Anbetung und der Lobpreis bedingen eine Verlagerung des Mittelpunkts von unserem Ich hin zu Gott. Man kann Gott nicht loben, wenn man mit sich selbst zu sehr beschäftigt ist. Wenn Gott zu loben ein Lebensstil wird, ist nicht mehr das dann zugrunde gerichtete Ich der Mittelpunkt der Anbetung, sondern der unendlich große Gott. Dann rückt die eigene Person an die richtige Stelle, und die zerstörerischen Spannungen und Belastungen verschwinden. Und das Ergebnis ist seelische Ausgeglichenheit. Der Lobpreis läßt uns uns selber vergessen, und diese Selbstvergessenheit ist heilsam.

Lobpreis hilft sparen

Ein Psychiater bekommt ein bestimmtes Stundenhonorar dafür, daß er einem zuhört und einen verständnisvoll ansieht, und man geht ärmer, aber nicht gesünder wieder heim. Wenn dagegen ein wiedergeborener Christ unter Depressionen oder sonstigem psychischen Streß leidet und er sich dann in stetem Lob und mit Danksagung dem unendlich großen und allwissenden Gott zuwendet, beginnt der Heilungsprozeß. Die Anbetung Gottes ist daher mehr als nur eine leere Form von Frömmigkeit. Sie ist das Sinnvollste und Lohnendste, was man tun kann.

Der Hausfrieden – eine Folge des Lobpreises

Einen überaus positiven Einfluß hat der Lobpreis dort, wo Belastungen und Streß sehr oft zu Zerrissenheit führen: in der Familie. Es gibt nichts Wirksameres als den Lobpreis, um Selbstmitleid, Abwehrreaktionen und Feindseligkeit abzubauen. Der Lobpreis verträgt sich absolut nicht mit derlei häuslichen Unstimmigkeiten. Man kann nicht mit mieser Laune Gott loben. Lobpreis und Zwistigkeiten passen nicht zusammen. Wenn wir persönlich Gott mehr loben würden, bräuchten wir weniger Eheberater, und auch die Scheidungsanwälte hätten wesentlich weniger zu tun.

Ein Beispiel aus der Bibel

Es gibt noch andere Gründe dafür, warum der Lobpreis von so großer Bedeutung ist und warum in der Bibel mehr vom Lobpreis die Rede ist als vom Gebet: Irgendwie fürchtet Satan den Lobpreis mehr als das Gebet. Das geht etwa aus 2 Chr 20 hervor:

Moab, Ammon und die vom Gebirge Seir verbündeten sich, um Josaphat, dem König von Juda, den Krieg zu erklären. Josaphat aber rief das Volk sogleich zur Buße, zum Fasten und zum Beten auf. Bewohner aus dem ganzen Land kamen nach Jerusalem, um dort zu beten. Daraufhin ließ Gott durch den Propheten Jahasiel Josaphat und dem Volk sagen, daß sie ohne Kampf siegen würden. Das Geschehnis ist in den Versen 20-22 festgehalten:

„Und sie machten sich früh am Morgen auf und zogen aus zur Wüste Thekoa. Und als sie auszogen, trat Josaphat hin und sprach: Hört mir zu, Juda und ihr Einwohner zu Jerusalem! Glaubt an den Herrn, euren Gott, so werdet ihr sicher sein, und glaubt seinen Propheten, so wird es euch gelingen. Und er beriet sich mit dem Volk und bestellte Sänger für den Herrn, daß sie in heiligem Schmuck Loblieder sängen und vor den Kriegsleuten herzögen und sprächen: Dankt dem Herrn; denn seine Barmherzigkeit währt ewiglich. Und als sie anfingen mit Danken und Loben, ließ der Herr einen Hinterhalt kommen über die Ammoniter und Moabiter und die vom Gebirge Seir, die gegen Juda ausgezogen waren, und sie wurden geschlagen."

Eine Armee begeht Selbstmord

Warum hatte der Lobpreis in jener Situation eine solche Wirkung? Antwort: Weil es sich um einen geistlichen Kampf, einen Kampf mit den unsichtbaren Geistern, handelte. Da aus dem

Stamm Juda der Messias hervorgehen sollte, hatte Satan jenen Völkerbund dazu angestachelt, Juda zu vernichten, um so das Kommen des Messias zu verhindern. Aber Josaphats Gebets- und Lobpreisprogramm setzte dem Feind mehr zu, als es ein bewaffneter Angriff vermocht hätte. Daß das ganze Volk fastete und betete, daß Gott Loblieder dargebracht wurden und schließlich der Hinterhalt, den der Herr kommen ließ – das alles verwirrte die bösen Geister, die hinter dem Gegner Judas standen, so sehr, daß sie ganz konfus waren und die Fassung verloren. Das ging sogar so weit, daß sie wahnsinnig und hysterisch wurden und in wilde Panik gerieten. In diesem Zustand gerieten sie aneinander und brachten sich gegenseitig um. Die ganze feindliche Armee „beging Selbstmord".

Warum der Lobpreis eine so schlagkräftige Waffe gegen Satan ist

Frances Metcalf hat in ihrem Büchlein „Making His Praise Glorious" auf die Schriftabschnitte hingewiesen, die besagen, daß Gott „über den Cherubim" sitzt (Ps 80,2; 99,1; Jes 37,16). Diese Abschnitte beziehen sich auf die Cherubim, die die Bundeslade bedeckten. Sie sind nur ein irdisches Abbild der himmlischen Wirklichkeit und erhalten ihre Bedeutung von den Cherubim, die den Thron der Majestät in der Höhe umgeben und Tag und Nacht nicht aufhören zu rufen: „Heilig, heilig, heilig ist der Herr Zebaoth!"

Gott ist von Lobpreis umgeben. Der Lobpreis ist eng verknüpft mit der Gegenwart Gottes. Obwohl Gott allgegenwärtig ist, kommt sein segensreicher Einfluß nicht überall zum Tragen. Wo man ihn gerne anbetet, hilft er auch gerne. In Psalm 22,4 lesen wir, daß „du (Gott) thronst über den Lobgesängen Israels". Das bedeutet, daß er da, wo er Ehrfurcht und ihm wohlgefällige Anbetung vorfindet, sich zu erkennen gibt und seine Gegenwart öffentlich bestätigt. Und seine Gegenwart vertreibt

Satan in jedem Fall. Satan kann in göttlicher Umgebung nicht wirken.

Schon lange weiß man, daß hinter dem Lobpreis eine Macht steckt, ohne zu wissen, warum. Könnte vielleicht nicht gerade darin die Erklärung liegen? Ist das nicht ein überzeugender Beweis für den Lobpreis? Kurzum, Satan reagiert allergisch auf den Lobpreis. Wo also beständig, triumphierend gepriesen wird, da sind Satan die Hände gebunden, und er flieht.[1]

Das Geheimnis siegreichen Glaubens liegt daher im Lobpreis. Jakobus sagte: „Widersteht dem Teufel, so flieht er von euch" (Jak 4,7). Wenn wir Gott loben, ist er gegenwärtig, und das ist ein Schutzschild, der selbst die stärksten Angriffe Satans abwehrt. Weil wir, wenn wir Gott loben, Satan vertreiben, ist der Lobpreis die beste Verteidigung, die zerstörerischste Waffe im Kampf gegen ihn. Der Lobpreis verheißt uns den Sieg im Gebet, denn durch ihn überwinden wir den großen Gegner im Gebetskrieg: Satan.

Warum Ausdauer im Loben so wichtig ist

Ein bloß sporadischer bzw. krampfhafter Lobpreis, ein Lobpreis, der von unserer jeweiligen Stimmung und den Umständen abhängig ist, wird nicht zum Sieg führen. Wir brauchen dazu schon Ausdauer. Gott zu loben muß unser Beruf, unsere Art zu leben sein. „Ich will den Herrn loben allezeit; sein Lob soll immerdar in meinem Munde sein" (Ps 34,2). „Wohl denen, die in deinem Hause wohnen; die loben dich immerdar" (Ps 84,5).

Wir haben gesagt, der Lobpreis sei im Himmel von so großer Bedeutung, daß eine bestimmte Gruppe von Wesen ausschließlich damit beschäftigt ist (Offb 4,8). Gott zeigte auch dem König David, wie wichtig der Lobpreis auf Erden ist und was er auszurichten vermag, so daß David nach dem himmlischen Vorbild eine Armee von 4000 Leviten aufstellte, deren einzige Aufgabe darin bestand, Gott zu loben (1 Chr 23,5). Vor seinem Tod veranlaßte der König David noch, daß Gott regelmäßig angebetet wurde. Jeden Morgen und Abend mußte ein Teil der 4000 Leviten den Dienst des Lobens versehen: „Und an jedem Morgen sollten sie stehen, den Herrn zu loben und ihm zu danken, und ebenso an jedem Abend“ (1 Chr 23,30).

Zur Schande der Gemeinde sei gesagt, daß sie nicht erkannt hat, wie wichtig die Bibel den Lobpreis nimmt.[2]

Lobpreis – ein Lebensstil

Um so effektiv wie möglich sein zu können, dürfen wir nicht nachlassen in der Anbetung Gottes. Der Lobpreis will regelmäßig getan sein; er muß uns zur festen Gewohnheit, zum „Ganztagsjob“, zur gewissenhaft ausgeübten Tätigkeit, ja zum Lebensstil werden. Psalm 57,8 drückt es so aus: „Mein Herz ist bereit, Gott, mein Herz ist bereit, daß ich singe und lobe.“ Dieser Vers läßt auf einen Lobpreis schließen, der in der Stille vorbereitet wurde und zur festen Gewohnheit geworden war.

„Mein Herz ist *bereit* ...“ Diese Art der Anbetung bedingt nicht bloß eine zeitweilige Euphorie. Wie wir wissen, war David, als er den 57. Psalm schrieb, auf der Flucht vor dem aufgebrachten Saul. Er folgte, als er Gott lobte, einem seiner Grundsätze und nicht einer inneren Regung. Sein Lobpreis war nicht an sich ändernde Situationen oder Gefühle gebunden. Er selber war mit jeder Faser seines Lebens durchdrungen von Lob und Dank. Gott zu loben war zu seiner Ganztagsbeschäftigung geworden, so wie auch die Engel im Himmel unaufhörlich Gott loben.

Lob und Dank für alle Dinge

Daß wir Gott immer und für alles loben sollen, ist manchmal nicht ganz einfach, denn es ist nicht etwas, das wie von selber geht. Wenn es uns gutgeht, fällt uns das Loben nicht schwer. Es ist selbstverständlich, daß wir Gott für die „guten“ Dinge loben, und es ist auch ganz normal, wenn wir für unseren Erfolg, den

Wohlstand, unsere Gesundheit und unseren guten Ruf dankbar sind und uns darüber freuen. David hingegen lobte auch, als sein Leben in Gefahr war.

Der Apostel Paulus fordert uns auf: „... und sagt Dank allezeit für alles ..." (Eph 5,20), das heißt auch für Dinge, die schmerzvoll und erniedrigend sind oder sogar katastrophal zu sein scheinen.

Die Grundlage für unaufhörlichen Lobpreis

Die selbstverständliche Wahrheit, die zu unaufhörlichem Lobpreis führt, ist der Charakter und die Rechtschaffenheit Gottes. Wenn es Satan gelungen wäre, Gott, den Allmächtigen, zu entthronen, würde auf dem Thron des Universums eine allmächtige Selbstsucht sitzen und nicht die allmächtige Liebe. Wenn Satan gesiegt hätte, wären wir ihm auf Gedeih und Verderb ausgesetzt. Wir hätten dann nicht nur die „Hölle auf Erden", sondern die ganze Welt wäre eine einzige Hölle.

Gott sei Dank aber hat Satan verloren! Es gibt heute „ein Herz am Herzen des Universums". – „Die durchbohrten Hände drehen die Räder der Menschheitsgeschichte und formen unsere Lebensumstände" (MacLaren). Wie sagt doch David in Psalm 31,16: „Meine Zeit steht in deinen Händen." Weil die allmächtige Liebe über allem steht, ist jeder, der sich ihr überläßt, in Sicherheit, und „der Arge wird ihn nicht antasten" (1 Joh 5,18). Einem Kind Gottes wird nichts wirklich Böses zustoßen, denn die allmächtige Liebe läßt alle Dinge, die guten und die schlechten, zum Besten dienen dem, der ihn liebt. Ich glaube, das schließt auch das nach unserer Meinung Schlimmste ein, ja sogar das Versagen eines gläubigen Gotteskindes.

Lobpreis – ein Opfer

Wie kann man denn solch ein Opfer bringen? Hebr 13,15 gibt uns Antwort darauf: „So lasset uns nun durch ihn Gott allezeit das Lobopfer bringen, das ist die Frucht der Lippen, die seinen Namen bekennen." – Was meint das Wort „Lobopfer"?

Ein Opfer ist immer mit Sterben verbunden. Im Alten Testament waren es Tiere, die geopfert wurden. Beim Lobopfer hingegen muß unser Ich sterben. Wir müssen unsere Ansichten und Meinungen, unser Empfinden für das, was recht und gut ist, opfern und Gott „allezeit für alles" Dank sagen, für das Gute wie für das Schlechte und Mittelmäßige.

Fast jeder war oder ist ein Opfer von Verhältnissen und Situationen, die, wie er meint, unglücklich, tragisch, ja verhängnisvoll sind bzw. waren. Man übersieht die gute Seite und sieht nur noch das Schlechte daran. Der Mensch kann einfach keinen sinnvollen Zweck dahinter finden. Das aber ist der Zeitpunkt, wo wir „das Lobopfer bringen" sollten, denn nur dann, wenn nichts zu klappen scheint, sind wir bereit, unsere persönliche Meinung, unsere Wünsche und Ansichten aufzugeben.

Der Glaube, der zu unaufhörlichem Lobpreis führt

Wer Lobopfer bringt, glaubt auch, daß Gott gütig und erhaben ist. Er hat den Glauben, von dem der Psalmist (46,11) schreibt: „Seid stille und erkennt, daß ich Gott bin." Dieser Glaube weiß, daß auf der Welt nichts zufällig geschieht. Er weiß, daß Satan nichts hinter Gottes Rücken tun kann, weil Gott alles sieht. Und er ist sich sicher, daß Gott, der Allmächtige, Satan zu überlisten vermag, und zwar in *allen* schwierigen Situationen, die Satans böser Genius heraufbeschwört.

Der Lobpreis vertreibt das Böse

Alles Negative hat seinen Grund in der aktiven Gegenwart Satans. Da er auf den Lobpreis allergisch reagiert, können wir ihn durch siegreichen, triumphierenden, steten Lobpreis vertreiben, so wie er damals aus dem Himmel vertrieben wurde. Wenn jedoch Satan verscheucht ist, verschwindet auch das Böse.

Die Verhältnisse mögen zwar dieselben sein, aber das Böse ist beseitigt, es hat seinen Stachel verloren, und das Gift ist fort.

Die Vorstellung, daß das Lob die Verhältnisse *immer* ändert, ist falsch. Es wird zwar nicht immer die *Verhältnisse,* dafür aber den *Menschen* ändern. Weil die Wurzel aller Probleme unser unheiliges Ich ist, muß uns die innere Wandlung eines Menschen wichtiger sein als veränderte Verhältnisse. Wenn wir „das Lobopfer bringen", gehen wir mit der Behauptung einig, daß einem Kind Gottes nur Gutes widerfährt, und sei es in unseren Augen auch noch so „böse". Daß uns „alle Dinge" – auch die scheinbar schlechten – auf jeden Fall „zum Besten dienen", das zu wissen ist uns Grund genug, Gott unser Leben lang zu loben.

Lob und Dank für den Krebs!

Amy Carmichael sagte einmal, das Wesentliche einer Sache oder eines Umstandes sei nicht die Angelegenheit selbst, sondern wie man darauf reagiere. Die leidvolle Situation wird vergehen, aber unsere Reaktion darauf schlägt sich für immer in unserer Moral und geistigen Einstellung nieder. Satan will uns durch äußere Not von Gott wegbringen, indem er dafür sorgt, daß wir über Gott zu Gericht sitzen, an seiner guten Absicht, seiner Güte und Gerechtigkeit zweifeln. Satan verleumdet Gott, indem er uns suggeriert, Gott behandle uns schlecht, und wenn er wirklich allmächtig und gut wäre, dürfte er niemals zulassen, daß auch nur eines seiner Kinder solches Leid bzw. solches Unglück trifft. Wenn wir auf Satans Unterstellungen eingehen, sie als richtig anerkennen, zu zweifeln beginnen und Gott der Untreue und des Verrats beschuldigen, dann fangen wir an, gegen Gott zu rebellieren, und unser Charakter degeneriert. Genau das aber will Satan bezwecken, und wenn es ihm gelingt, hat er gesiegt.

Wenn wir uns dagegen durch Unglück, Leid und Not zu Gott führen lassen, hat das genau die gegenteiligen Folgen: Die Annahme scheinbaren Unglücks aus der Hand eines allwissenden, allliebenden und allmächtigen Gottes, der denen, die ihn lieben, alle Dinge zum Besten dienen läßt, und das Lob und der Dank dafür, daß einem Gotteskind niemals etwas wirklich Böses zustößt, das sind Reaktionen, die unseren Charakter festigen und uns dem Ziel, Gott immer ähnlicher zu werden, näher bringen. Wenn wir so reagieren, hat Gott mit uns sein Ziel erreicht, und Satan hat verloren.

Die Not stärkt uns im Glauben, gibt uns neuen Mut und läßt uns Gott näherkommen. Darum konnte auch eine Frau, die durch ihre Krankheit zu Gott fand, siegesgewiß sagen: „Ich bin durch den Krebs reich gesegnet worden." Auf diesem Hintergrund begreifen wir auch besser die Mahnung MacLarens: „Laß die Zeit der Not nicht ungenutzt verstreichen", und Watchman Nee, der behauptete, daß wir nur dann, wenn es uns nicht so gut geht, wirklich Neues über Gott erfahren.

Ein Gott, der uns von allem Bösen befreien und unsere Fehler und Sünden zudecken kann, wenn wir bereuen, der sie aufgrund seiner göttlichen Gnade so verwandeln kann, daß sie wieder auf den Kopf Satans kommen, daß sie den Charakter eines Christen edler machen und daß sie zur Ehre Gottes beitragen, ein solcher Gott ist es wert, daß er unablässig gepriesen wird. Einem Gott mit derlei „Qualitäten" muß man einfach gehorchen, wenn er mahnt: „... sagt Dank allezeit für alles, Gott, dem Vater, in dem Namen unseres Herrn Jesus Christus" (Eph 5,20).

Böses, das er segnet, dient uns zum Guten,
und ungesegnetes Gutes ist böse.
Auch ist alles richtig, was noch so falsch dünkt,
wenn es sein guter Wille ist.[3]

Auf dieser Grundlage beruht der Glaube, daß einem gläubigen Kind Gottes nichts wirklich Böses geschehen kann (Ps 91,10).

Der Lobpreis ist das Geheimnis des Glaubens, der nicht zweifelt

Frau Metcalf ist davon überzeugt, daß wir, wenn wir Gott loben und ihm Dank sagen, *in jeder Situation* siegen werden. Das ist meines Erachtens eine unmißverständliche Behauptung, die sowohl logisch als auch biblisch ist. Das siegreiche Gebet bricht ja doch den Widerstand des Teufels gegen die Absichten, die Gott verfolgt.

Wenn unser Gebet nichts auszurichten vermag, dann fehlt ihm der *triumphierende Glaube*. Und wenn unser Glaube nicht triumphiert, fehlt ihm der *Lobpreis*, der nicht aufhört, der entschlossen und aggressiv sein Ziel verfolgt. Der Lobpreis ist die höchste Form des Gebets, denn er vereint die Bitte mit dem Glauben. Der Lobpreis ist das A und O des Glaubens. Wir brauchen ihn, wenn wir den Glauben haben wollen, der den giftigen, tödlichen Stachel des Zweifels nehmen kann. Der Lobpreis ist der Reiniger, der den Glauben reinigt und den Zweifel aus dem Herzen wischt.

Das Geheimnis für Gebetserhörungen ist der Glaube, der nicht zweifelt (Mk 11,23). Und das Geheimnis des Glaubens, der nicht zweifelt, liegt im Lobpreis, dem Lobpreis, der nicht aufhört, der beständig ist, der triumphiert, ja der ein Lebensstil ist. Diese Art von Lobpreis ist die Antwort auf die Frage nach lebendigem Glauben und siegreichem Gebet.

Kapitel neun

Gezieltes Handeln

„Abends und morgens und mittags
will ich klagen und heulen;
so wird er meine Stimme hören."

(Ps 55,18)

Wenn dieses Buch nicht zu einem gezielten Gebetsleben verhelfen kann, sei es für den einzelnen, für Gruppen oder auch für eine ganze Gemeinde, dann hat es sein Ziel verfehlt. Satan ist es egal, ob viele oder wenige Leser sich mit dem Thema „Gebet" befassen, wenn er sie nur vom Beten abhalten kann. Wenn eine Gemeinde davon überzeugt ist, daß nur da, wo gebetet wird, etwas geschieht, dann wird sie das Gebet allen anderen Aktivitäten vorziehen. Anstatt das Gebet dem Zufall zu überlassen oder von unserer Lust und Laune abhängig zu machen, sollten sich die begabtesten Organisatoren einer Gemeinde, die kompetentesten Männer und die Väter im Glauben für das Gebet einsetzen. Wenn sich eine Gemeinde nicht damit zufriedengeben will, nur eine geistliche Tretmühle zu bedienen, dann muß das Gebet zur wichtigsten Sache werden.

Das Gebetsprogramm einer Gemeinde ist aber nur dann erfolgversprechend, wenn jedes Gemeindeglied auch privat treu am Gebet festhält. Wo es im Glaubensleben des einzelnen nicht stimmt, kann auch die Gruppe nicht stark sein im Glauben und im Gebet.

Das Wichtigste zuerst

Ob wir Zeit zum Gebet finden, ist eine Frage der Prioritäten. Jeder von uns hat an einem Tag gleich viel Zeit, nämlich 24 Stunden. Die Zeiteinteilung richtet sich nach unserem Wertmaßstab. Das nach unserer Meinung Wichtigste wird Vorrang haben.

Fast jeder nimmt sich Zeit zum Essen, zum Schlafen, zur Erledigung der alltäglichen Bedürfnisse und Anforderungen. Die meisten sind erwerbs- oder berufstätig. Die häuslichen Pflichten einer Hausfrau und Mutter nehmen trotz all der Geräte, die wir in einem modernen Haushalt vorfinden, viel Zeit in Anspruch. Trotzdem werden wir, wenn wir mit unserer Zeit sorgfältig haushalten, immer Gelegenheit finden, täglich unsere Stille Zeit zu halten. Und das bringt Segen!

Festsetzen der Prioritäten

Eine Woche hat 168 Stunden. Eine Arbeitswoche hat 40 Stunden – bleiben uns noch 128. Wenn wir davon 56 Stunden Schlaf abziehen, verbleiben uns immer noch 72. 21 Stunden pro Woche gehen für Mahlzeiten ab, ergibt also noch 51 Stunden. Auf all diese Dinge können wir nicht verzichten. Wenn wir nun von diesen 51 Stunden mindestens eine Stunde täglich für das Bibellesen und Beten einkalkulieren, bleiben uns immer noch 44 Stunden pro Woche für Unvorhergesehenes und sonstige Dinge.

Daß dieser theoretische und hypothetische Zeitplan nicht für Hausfrauen und Bauern zutrifft, ist mir klar. Es soll damit auch nur gezeigt werden, daß es möglich ist, zumindest eine „kurze" Stille Zeit zu halten, wenn wir unsere Zeit richtig einteilen und uns Prioritäten setzen. Behinderte oder Rentner unter uns dürften Zeit und Gelegenheit haben, die Fürbitte zur Hauptaufgabe in ihrem Leben zu machen.

Der Büchertisch

Jede örtliche Gemeinde bzw. Gruppe muß selbst entscheiden, auf welche Art und Weise sie ihr Gebetsleben gestalten will. Auf jeden Fall aber muß das Gebet das wichtigste Anliegen sowohl der Gemeinde allgemein als auch jedes einzelnen

Gliedes sein. Jede Gemeinde sollte über einen Büchertisch verfügen, der auch erstklassige Literatur zum Thema „Gebet“ anbietet. Es gibt viele gute Bücher über das Gebet, aber nur wenige erstklassige. Sie sollten ausgeliehen werden, damit die ganze Gruppe sie lesen kann.

Tips für unser Gebetsleben

Die Bibelstunden sind nur ein Anfang in unserem Gebetsleben. Eine Ergänzung dazu sind Hauskreise, in denen man sich viel Zeit nimmt für das Gebet. Weitere Möglichkeiten bieten die Zusammenkünfte, wie z. B. Frauen- bzw. Männerkreise und Jugendgruppen. Man trifft sich entweder morgens vor der Arbeit, im Laufe des Vormittags, zur Mittagszeit usw. zum Gebet, oder aber die Gebetskreise dauern die halbe bzw. die ganze Nacht. Wenn man sich nicht einmal in der Woche treffen kann, um eine Nacht durch zu beten, dann könnte man es doch vielleicht mit einmal im Monat versuchen … man fängt lieber klein an und baut dann auf, anstatt daß man sich zu viel vornimmt und später schlappmacht. Man kann auch einmal in der Woche – oder einmal im Monat – einen Gebets- und Fastentag einlegen.

Fast jeder Gemeinde ist es möglich, einmal pro Woche oder Monat eine Gebetskette zu bilden, wobei man sich jede Stunde rund um die Uhr abwechselt. Manche Versammlungen haben vielleicht sogar so viele Mitglieder, daß während der ganzen Woche rund um die Uhr eine Gebetskette möglich ist. Die Brüdergemeine, die unter Graf von Zinzendorf ihren Anfang hatte, führte ununterbrochen Tag und Nacht Gebetsketten durch, und das 100 Jahre lang! Damals entstanden auch die ersten missionarischen Bewegungen, so wie wir sie heute kennen.

Zu einem effektiven Gebetsprogramm sollte auch eine Gebetsliste gehören, die der Pfarrer aufstellt und überwacht. Sie sollte für jedes Glied der Gebetsgruppe einsichtig sein. Jede Gemeinde muß immer und in jeder Lage nach der Führung Gottes fragen. Beachte: Nur das, was durch Gebet und Glauben erreicht wurde, ist von echtem Wert. Alles andere ist nur Lug und Trug, Haschen nach Wind und Tretmühlenarbeit.

Nur da, wo gebetet wird, geschieht etwas; darum: Bete!

Anhang: Beten praktisch

(Auf ausdrücklichen Wunsch des Autors wurde folgender Text von Dick Eastman, dem Direktor der Change the World Ministries, aufgenommen.)

„Gebet ist die stärkste Macht im Universum", schrieb vor einigen Jahren ein Atomwissenschaftler. Keine Aussage könnte treffender sein.

Gebet macht nicht nur den Einzelnen eins mit dem Herrscher des Alls, sondern es setzt auch seine Kraft in einer Welt frei, die Veränderung verzweifelt nötig hat. Deshalb strengen sich die *Change the World Ministries* so sehr an, Gebetskämpfer in der Geschichte der christlichen Gemeinde zu mobilisieren und auszubilden; in dem Zusammenhang organisieren und leiten auch *Change-the-World*-Gebetsschulen. Auch du kannst dich dieser Aufgabe anschließen. Du brauchst keinen einzigen weiteren Tag zu warten.

Leider schaffen es viele Christen nicht, sich den Reihen der Beter anzuschließen, die wir „Weltveränderer" nennen, weil sie nie gelernt haben, wie sie Gebet tatsächlich praktizieren können.

Um in praktischer, systematischer Weise zu beten, braucht der Gebetskämpfer zwei Dinge: Etwas, wofür er während seiner Gebetszeit beten kann, und einen ruhigen Ort zum Beten, einen Ort, wo ohne Unterbrechung Fürbitte getan werden kann für die Nöte der Welt. Denke über diese beiden Bereiche nach, um dein Gebet praktischer zu machen.

Wie beten

Gott gibt dir jeden Tag 96 Viertelstunden. Willst du Gott wenigstens eine oder zwei davon für Gebet für deine Lieben, Freunde und die Welt widmen? Manche Leute gehen nicht darauf ein, weil sie nicht wissen, wie sich das in die Praxis umsetzen läßt. Manche sagen: „Ich lasse mich vom Heiligen Geist führen", und wenn man nachfragt, zu wieviel Gebet sie der Heilige Geist in der vergangenen Woche geführt hat, werden sie schamrot. Warum sollten wir auch auf einen Ruf heute warten, wenn Gottes Wort allen Generationen zuruft: „Betet ohne Unterlaß" (1 Thess 5,17)? Wir haben also eine ständige Berufung, und um dieser Berufung gehorsam zu sein, müssen wir antworten. Deshalb bieten wir dem Leser ein paar Tips an, wie er beten kann:

Erstens: Teile deine Viertelstunde in drei Abschnitte auf. In den ersten fünf Minuten könntest du Gott loben und anbeten. Nimm dir Zeit, Gott zu lieben, weil er Gott ist. Denk daran, der Weg in den Vorhof des Himmels ist Danken und Loben (Psalm 100). Danach bist du bereit, für andere Nöte zu beten.

Zweitens: Nimm dir fünf Minuten, um für Nöte in deiner Umgebung zu beten, also für Familienangelegenheiten oder für deine Wohngegend, für deine Gemeinde und den Pastor. Du wirst überrascht sein, wieviel in eine fünfminütige Gebetszeit hineinpaßt.

Schließlich: Bete für bestimmte Länder der Welt. (*Change the World Ministries* bieten Gebetskämpfern auf Anfrage Gebets-Landkarten an. Auf diesen Landkarten sieht man, wo die Länder liegen und wie sie heißen.) Da es 210 verschiedene geographische Gegenden gibt, die wir Länder nennen, könnte man sie nur kurz erwähnen, wenn man in fünf Minuten für alle 210 beten wollte. Wir schlagen also vor, entweder die Gebetszeit auszudehnen oder die 210 Länder in Gruppen zu je 30 aufzuteilen und so jeden Tag dreißig Länder vor Gott zu erheben. So würde man in einer Woche jeweils für die ganze Welt beten.

Was können wir aber für diese vielen unbekannten Orte beten? Auf jeden Fall sollten wir der Aufforderung Jesu Folge leisten und beten, daß der Herr der Ernte Arbeiter in seine Ernte schickt (Mt 9,38). Wir sollten Gott auch um die Bekehrung von Seelen in jedem Land bitten, denn sein Wort macht deutlich:

„Bitte mich, so will ich dir Völker zum Erbe geben und der Welt Enden zum Eigentum“ (Psalm 2,8). Dann bete, daß Gott die Mühen beim Verteilen von evangelistischer Literatur und das persönliche Zeugnis von Christen in jener spezifischen Region segnet. Solch ein Gebet könnte z. B. lauten: „O Gott, ich erhebe Indonesien vor dich. Bitte, sende Arbeiter in die Ernte jenes Landes, und segne deine Diener, die jetzt gerade das Evangelium in dem Land verkünden. Salbe die tägliche Mühe deiner kostbaren Diener ganz besonders, wenn sie heute versuchen, in vielen Dörfern jedes Haus mit dem Evangelium zu erreichen.“

Dieses Gebet läßt sich in weniger als zwanzig Sekunden beten, und doch ruft es für jene Nation zu Gott. Selbst wenn ein Gebetskämpfer nur ein Land kurz im Gebet erwähnt, wird Gott solche Fürbitte ehren. Natürlich müssen wir uns bei alledem der kostbaren Führung des Heiligen Geistes unterwerfen. Oft wird er uns veranlassen, innezuhalten und für ein bestimmtes Land ausführlicher zu beten. Und denk daran, wenn du die moslemischen Nationen vor Gott erhebst, bitte Gott unbedingt, daß Leiter auf höchster Regierungsebene ihre Haltung ändern, so daß eine gesalbte, systematische Weitergabe des Evangeliums an alle Menschen dieser Länder möglich wird.

Tatsächlich fordert Paulus seinen Mitarbeiter, den jungen Timotheus, auf, besonders für „alle Obrigkeit“ zu beten (1 Tim 2,2). Das umfaßt Könige, Präsidenten, Premierminister, sogar Diktatoren. Wir sollen Gott bitten, die Herzen dieser Menschen so zu bewegen, daß in ihren Ländern sich Türen öffnen für die Verbreitung des Evangeliums. Als Hilfe haben wir eine spezielle Auflistung aller Regierungschefs und Präsidenten der Welt vorbereitet. Das ist eine der ungewöhnlichsten Gebetslisten, die von einer Missionsorganisation verbreitet wird. Und wenn du sie jeden Tag benutzt, wird dein Beitrag zur Weltevangelisierung wirklich „die Welt verändern“. Schreibe also an unser Büro und bitte um diese kostenlosen Gebetshilfen. Bitte schreibe auf, welche Gebetshilfe du haben möchtest. Folgende stehen zur Verfügung: die Gebets-Landkarte, eine Liste aller Regierungschefs und Präsidenten und ein besonderes Traktat mit dem Titel „15 Arten, dein Gebetsleben bedeutungsvoller zu machen".

Wo beten

Nach einigen Jahren, in denen mir Gott Bedeutung und Wert des Gebets gezeigt hat, wurde ich eines Abends von der Vision eines Gebetszentrums überrascht, in das Jugendliche im College-Alter aus dem ganzen Land herkommen und Gott eine bestimmte Zeitspanne für Fürbitte zur Verfügung stellen konnten. Während solch eines Jahres würden diese jungen Leute wenigstens zwei Stunden täglich beten, und zwar in spezifisch niedergelegten Zeitabschnitten, so daß Tag und Nacht ohne Unterlaß in diesem Zentrum gebetet werden würde. Der Raum, in dem diese jungen Leute beten würden, sollte „Bresche" heißen, nach dem Wort Gottes an Hesekiel: „Ich suchte unter ihnen, ob jemand eine Mauer ziehen und in die Bresche vor mir treten würde für das Land ..." (Hes 22,30). Sechs Monate nach dieser herausfordernden Vision gab Gott uns unser Gebetszentrum. Seit Jahren wird Tag und Nacht in der „Bresche" gebetet. Viele Wunder resultierten schon aus diesem Gebet, von denen die Verbreitung des Konzepts nicht das geringste ist. Heute haben hunderte von Familien, Gemeinden und Colleges einen „Bresche"-Dienst begonnen, indem sie einen bestimmten Ort festlegen, der „Bresche" genannt wird, an dem Menschen für die Nöte der Welt beten können.

Das meines Wissens nach erste Ehepaar, das aufgrund dessen, was sie über unser Gebetszentrum gehört hatten, einen „Bresche"-Dienst bei sich zuhause angefangen haben, hatte einen baptistischen Hintergrund. Seitdem haben uns Menschen aus vielen Denominationen geschrieben und gesagt: „Nehmt uns in eure „Bresche"-Liste auf! Wir haben in unserem Zuhause einen Familiengebetsdienst begonnen."

Meine Frau Dee und ich haben unseren eigenen Familien-„Bresche"-Dienst. Wir haben in unserem Hinterhof eine besondere Familien-Gebetskapelle, wohin wir als Einzelne oder gemeinsam zum Beten gehen können. Mein persönliches Gebetsleben hat dadurch eine Revolution erfahren. Jeden Tag bete ich für die Länder der Welt in unserer Bresche. Welche Freude, unsere beiden kleinen Töchter Dena und Ginger zu hören, wie sie darum bitten, daß wir in „die Bresche" gehen sollen, um von Jesus zu hören und zu beten! Sie wollen immer wieder, daß ich ihnen über verschiedene Länder der Welt auf dem Globus erzähle, einen der wenigen Einrichtungsgegenstände, die wir in unserer Bresche haben.

Um einen „Bresche"-Dienst zu beginnen, muß man einfach ein Kämmerchen oder Extraraum als Gebetsort bestimmen. Unsere Familie sparte auf einen billigen Teppich und eine Wandvertäfelung unserer „Bresche", damit die Atmosphäre dem stillen Gebet zuträglich wäre. Natürlich ist das wichtigste, daß man einen besonderen Ort nur für Gebet reserviert. Unsere „Bresche" ist nicht ein Nähzimmer, ein Abstellraum oder Arbeitszimmer, das außerdem noch die Funktion als Gebetskapelle abdeckt. Jedes Familienmitglied weiß, daß es unser spezielles „Gethsemane" ist, wohin wir uns zurückziehen können, um mit unserem Herrn allein zu sein. Ich fordere den Leser auf, auch bald einen „Bresche"-Dienst zu beginnen und sich damit in der „Bresche"-Liste unseres Fürbitte-Büros registrieren zu lassen.

Weitere Information sind erhältlich bei:
Every Home for Christ
P.O. Box 35950, Colorado Springs, CO 80935, USA

Auch in Deutschland gibt es ähnliche Initiativen, die es sich zur Aufgabe gemacht haben, „in die Bresche" zu treten (z. B. die „Fürbitte für Deutschland", die „Wächterruf"-Initiative u.a.m.).

Anmerkungen

Kapitel 1
Grund und Ziel des Universums: die Gemeinde

1. Einige moderne Biologen und Psychologen betonen die Philosophie der Unwissenheit von gestern und der Hoffnungslosigkeit von morgen. In seinem Buch „Zufall und Notwendigkeit" behauptet der französische Molekularbiologe Jacques Monod, daß die Existenz des Menschen von dem Zufall-Zusammenstoß von Molekularteilchen von Nukleinsäure und Proteinen in der riesigen „Vor-Lebenssuppe" abhängt. Laut Dr. Francis Schaeffers Zitat in der Zeitschrift „Newsweek" in „Zurück zu Freiheit und Würde" vertritt Monod die Ansicht, daß „alles Leben aus der Wechselwirkung von reinem Zufall und Notwendigkeit resultiert". Monod schließt, daß der Mensch in des Universums empfindungsloser Grenzenlosigkeit, aus welcher er nur durch Zufall entstand, allein ist. Seine Zukunft ist nirgendwo beschrieben, ebenso wenig seine Aufgabe. Wie in Dr. Schaeffers Buch ausgedrückt, ist Monod davon überzeugt, daß der Mensch ein Produkt des Unpersönlichen plus Zeit, plus Zufall ist.

Wenn dies der Wahrheit entspricht, dann ist der Mensch genauso unpersönlich und ebenso wertlos wie alles andere im Universum. Dann gibt es keine moralische Verantwortung dafür, ob ich einen Baum fälle oder eine menschliche Kreatur vernichte. Wenn ein Mensch sich tatsächlich in keiner Weise von einem Baum unterscheidet, dann ist auch seine Zukunft nicht anders. Die Existenz ist für ihn genauso bedeutungslos wie für den Baum; dadurch ist der Wert des Menschen auf Null herabgesetzt. Das Endresultat ist Sinnlosigkeit und Verzweiflung. Laut Dr. Schaeffer war dies der Grund der Studentenunruhen in Berkeley. Und man könnte schließen, daß dies auch für viele andere Orte in der ganzen Welt zutrifft. Wenn der Mensch Gott ausschaltet, dann vernichtet er sich selbst. Atheismus bedeutet Selbstmord.

2. Dieser Standpunkt wird ganz ausgezeichnet von Erich Sauer ausgedrückt: „Als Schöpfer des Geschichtsablaufes und Regent des Himmels und der Erde kontrolliert er (Gott) den gesamten Ablauf. Daher kann er allein, als Herr der Geschichte, die Geschichte erklären ... Daher ist die Bibel das ‚Buch der Menschheit' – der Schlüssel zu Weltereignissen. Alles Verständnis zu menschlichen Angelegenheiten hängt von dieser Einstellung ab" (aus „Ewigkeit zu Ewigkeit", S. 97). – „Jede Geschichte ist unverständlich ohne Christus" (Ernest Renan).

3. Alle konservativen Ausleger stimmen darin überein, daß die biblische Sicht der Schöpfung betont, daß die Menschheit das Ziel und die Krone des Schöpfungsaktes ist. Sogar Nietzsche sagte: „Der Mensch ist die Ursache für die Entstehung der Welt" (Erich Sauer in „Der König der Erde", S. 49).

Zum Schöpfungsbericht im 1. Buch Mose sagt Leonard Verduin: „Das bedeutet einfach, daß Gott ganz von Anfang an den Höhepunkt der Schöpfung im Menschen erreichen wollte. Alles davor ist Vorwegnahme, Propädeutik des Herrschenden, der Mensch genannt wird. Der Mensch wird als Krone und Schlußstein der gesamten Schöpfungsinitiative des Allmächtigen dargestellt; der Mensch ist das Ziel, auf welches sich das ganze Unternehmen hinbewegte. Wahrhaftig, die Bibel spricht nicht gering vom Menschen" (*Somewhat Less Than God*, S. 9).

4. Watchman Nee weist darauf hin, daß die Gemeinde nun der Leib Christi ist; aber nach dem Hochzeitsmahl des Lammes wird sie seine Braut sein („Die glorreiche Gemeinde", 1968, S. 46).

5. Die These dieses Abschnittes entstand, wie Kritiker angemerkt haben, auf der Basis, „daß zuviel Wert auf einen Vers gelegt wurde, der aus dem Zusammenhang genommen war".

Der Autor erkennt die Stichhaltigkeit dieser Kritik, weil das Wort „alle Dinge“ in Röm 8,28 nicht das Wort ist, welches für den Kosmos sonst gebraucht wird. Aber ich glaube, wir müssen doch sagen: Der Anspruch, daß, wenn *einige* Ereignisse zum Guten mitwirken für die Gemeinde, *alles* im gesamten Universum ebenso mitwirken muß, ist ein notwendiges und unwiderlegliches Ergebnis der Lehre des Monotheismus.

Wenn es nur einen Gott gibt und er über allem steht, dann sind all seine Vorhaben und Handlungen zu ein und demselben Ende koordiniert und gelenkt. Nur wenn es einen Konkurrenten oder eine geteilte Autorität gäbe, könnte es einen entgegengesetzten Verlauf und andere Ziele geben. Dieses würde ein Chaos verursachen. Daher, wenn ein über allem stehender Gott im Universum existiert, dann ist das Universum ein Kosmos. Wenn das Universum ein Kosmos ist, ein harmonisches und geordnetes Ganzes, dann wirken alle Umstände und Ereignisse in dem Kosmos zu ein und demselben Ziel hin.

Daß das Universum ein Kosmos unter der Kontrolle einer höchsten Autorität ist, wird z. B. in Psalm 103,19 gelehrt: „Der Herr hat seinen Thron im Himmel errichtet, und sein Reich herrscht über alles.“ Diese Wahrheit ist das Thema vieler Psalmen und Propheten. Es zieht sich durch die ganze Schrift von 1. Mose bis zur Offenbarung. Das bedeutet, daß das ganze Universum ein geordnetes Ganzes ist, eine harmonische Einheit, ein Kosmos. In solch einem Universum, unter der Kontrolle einer zentralen, absoluten Autorität, wo eine Begebenheit oder mehrere Ereignisse zum Guten für die Gemeinde mitwirken, dienen alle Ereignisse demselben Zweck.

Ein gutes Beispiel dafür, daß der Kosmos in Gottes messianischem Vorhaben mitwirkt und daher in seinen Plänen für die Gemeinde, findet man in Ri 5,10: „Vom Himmel her kämpften die Sterne, von ihren Bahnen stritten sie wider Sisera.“ Viele andere Abschnitte illustrieren denselben Punkt.

Daher schließt „alle Dinge“ aus Röm 8,28 nicht nur bestimmte begrenzte Einzelheiten, sondern die gesamte Summe von allem, was im Universum eingeschlossen ist, ein.

6. Andererseits gilt natürlich, daß die Erlösten nicht zu zählen sind (Offb 7,9). Den Ausdruck „verhältnismäßig geringer Teil“ bzw. „kleine Gruppe“ benutze ich in einem relativen Sinn, für die Menschen, die während ihres irdischen Lebens in der bewußten Willensentscheidung gegenüber Jesus standen. Über die als Kinder, vor ihrer Geburt oder sonstwie vom Evangelium unerreicht gestorbenen Menschen ist hiermit nichts ausgesagt.

7. Der Verfasser glaubt, daß die Gemeinde alle Erlösten von der Schöpfung bis hin zur Ewigkeit einschließt.

8. Die Autoindustrie gibt ein Beispiel von dem, was man als „Endresultat“ bezeichnet. Das Automobil war einst nicht mehr als eine Idee, ein Traum eines Menschen. Aber die Idee wuchs zu einem großen Unternehmen heran. Um die Automobile herzustellen, wurden mit unermeßlichen Kosten riesige Gebäudekomplexe errichtet, die tausende Hektar Land einnahmen. Diese Fabrikanlagen wurden mit hochentwickelten Maschinen, Werkzeugen und anderen Ausrüstungen ausgestattet, die eine enorme Summe von Kapital verkörperten. Dieses Unternehmen benötigt unendlich viele verschiedene Rohstoffe aus der ganzen Welt, in solchem Ausmaß, daß es unser Vorstellungsvermögen übersteigt. Diese Industriekomplexe beschäftigen Millionen von Menschen, angefangen bei Ingenieuren bis hin zu jenen am Band. Und all das nur zu einem einzigen Zweck: ein Auto herzustellen. Als das erste Auto vom Fließband kam, war der Zweck dieses riesigen Industrieapparates ganz deutlich. Alles, vom Zeichenbrett bis zur letzten Schraube, ist nötig für ein einziges Ding: die Existenz eines Autos. Das kleine Auto ist der Schlüssel, der das Geheimnis all des Vorausgegangenen preisgibt.

9. Die Gleichstellung zwischen Christus und der Gemeinde und die damit verbundene Autorität, die hier gemeint ist, ist eine *übertragene* Autorität. Die Tragweite der „Partnerschaft", die der Begriff „Miterben" (Röm 8,17) impliziert, ist atemberaubend: Rechtlich gesehen, kann ein Miterbe nichts alleine unternehmen, nichts ohne den anderen.

Kapitel 2
Gottes Ziel: Die Gemeinde auf höchster Ebene

1. In 1 Mo 1,27 wird ein deutlicher und überzeugender Hinweis gegeben, daß die Geschlechtlichkeit einen Teil des Ebenbildes Gottes darstellt. Wenn die Geschlechtlichkeit in geistlicher Hinsicht ein Teil des Ebenbildes, in welchem der Mensch erschaffen wurde, ist, folgt daraus, daß Engel nicht nach Gottes Ebenbild erschaffen wurden, ganz gleich, welche anderen Eigenschaften sie auch mit Menschen gemein haben, wie z. B. geistliche Natur, Intellekt, Gefühl, Sittlichkeit, ursprüngliche Heiligkeit (siehe auch Eph 5,22-32).

Kapitel 3
Das Geheimnis des Gebets

1. Dieser Abschnitt enthält zwei ähnlich klingende, in ihrer Bedeutung jedoch unterschiedliche Wörter, und zwar *petros,* ein männliches Hauptwort (zu deutsch: Petrus), und *petra,* ein weibliches Hauptwort, das die Bedeutung von „Fels" hat. Das Griechisch-Lexikon von Thayer übersetzt das Wort *petra so: „*ein massiver, lebendiger Fels" – so wie Gibraltar –, wogegen *petros* soviel wie „ein abgehauener, aber großer Brocken" bedeutet. Jesus sagt, daß er seine Gemeinde nicht auf den kleineren, losgelösten Stein Petrus *(petros)* baut, sondern auf den großen Felsen *(petra),* welcher natürlich Jesus Christus selbst ist. Dann folgt die Aussage, daß die Tore der Hölle ihn nicht überwinden werden.

Im alten Orient war das Tor der Regierungssitz, wo Gericht gehalten und Entscheidungen getroffen wurden. Es war der Ort, wo Beratungen stattfanden und Strategien und Pläne ausgearbeitet wurden. Jesus will also damit sagen, daß alle Angriffspläne und Strategien der Hölle gegen die Gemeinde Jesu fehlschlagen werden.

Dem oberflächlichen Betrachter erscheint dies wie eine vergebliche Hoffnung, denn es sieht so aus, als ob es Satan gelingen würde, Gottes Reich zu besiegen. Wenn es im Kampf zwischen Gott und Satan darum ginge, wer von beiden die größere Anhängerschaft hat, würde Satan vielleicht als Gewinner hervorgehen. Aber da es Gottes Ziel ist, eine auserwählte Schar (seine Gemeinde) herauszurufen, die für die Regentschaft in seinem ewigen, allumfassenden Reich vorbereitet und qualifiziert wird, werden die Tore der Hölle sie nicht überwinden können, solange Christus seine Gemeinde trägt und baut. Von der Entstehung der Gemeinde bis zum jetzigen Augenblick ist es Satan noch nie gelungen, den Ruf der Gemeinde zu ersticken. Durch Opposition, Verfolgung und Martyrium hindurch ist die Gemeinde immer vorwärts gegangen. Weder Leiden noch Schmerz noch Drangsal, weder Unglück, Qual, Verfolgung oder Hunger, weder Armut noch Gefahr, Feuer oder Schwert können die Gemeinde aufhalten. Deshalb konnte die Hölle die Gemeinde nie besiegen.

2. Das Geheimnis von Gottes himmlischem Hochzeitsplan wird durch den Begriff „Brautgemeinde“ hervorgehoben. Für viele erscheint dies unpassend, weil wir, wenn wir an eine Hochzeit denken, nur von *einer* (Singular!) Braut sprechen. Diese Unverständlichkeit verschwindet, wenn wir – wie Paulus – die Gemeinde als organischen Körper verstehen: „Denn gleichwie *ein* Leib ist und hat doch viele Glieder, alle Glieder aber des Leibes, wiewohl ihrer viel sind, doch *ein* Leib sind: so auch Christus ... Denn auch der Leib ist nicht *ein* Glied, sondern viele“ (1 Kor 12,12.14).

Wir betrachten den menschlichen Körper als eine Einheit, denn der Körper ist vereinigt durch *ein* Bewußtsein. Paulus betont, daß es nicht nur ein, sondern viele Glieder gibt. So ist auch die Heilige Stadt aus der Offenbarung, die die himmlische Braut darstellt, nicht von einem einzelnen bewohnt, sondern von einer riesigen Menge. Verbunden durch das gleiche Bewußtsein, bildet diese Menschenmenge ein harmonisches Ganzes, vergleichbar mit der Einheit des menschlichen Körpers. Dieser Einheit bewegt sich die Gemeinde in der Zeit entgegen. Sie wird zu absoluter Perfektion gelangen als Brautgemeinde der himmlischen Stadt, des neuen Jerusalem, das Johannes vom Himmel, von Gott herabkommen sah. Diese Stadt wird bewohnt sein von einer unzählbaren Schar von Menschen, die eine heilige Leidenschaft für den himmlischen Bräutigam dermaßen stark miteinander verbindet, daß sie einen einzigen Organismus bilden. Könnte dies der Grund dafür sein, daß Gott die Einheit unter seinem Volk so hoch schätzt und Satan sie so verzweifelt bekämpft?

Kapitel 4
Vollmacht – ein Geschenk Christi

1. Für viele Menschen stellt das ein unlösbares Rätsel dar, ein undurchdringliches Geheimnis: Wie können wir organisch mit Christus verbunden und mit ihm im Himmel sein, wenn unsere Füße doch „festen Boden" betreten und an die nüchternen Beschäftigungen des täglichen Lebens gebunden sind?

In 1 Kor 6,17 gibt uns Paulus den Schlüssel zu diesem Geheimnis: „Wer aber dem Herrn anhanget, der ist *ein* Geist mit ihm." In einigen philosophischen Systemen wird der Geist als „wesentliche Realität" betrachtet. Die Materie wird als nebensächlich angesehen, d. h., sie leitet ihre Wirklichkeit von ihrer Beziehung zum Geist ab. Wenn z. B. der Geist den Körper verläßt, löst sich der Körper auf. Er verliert seine Struktur, denn die Realität des Organismus ist abhängig vom Geist. Der Geist hat eine unabhängige Wirklichkeit, während die Wirklichkeit des Körpers nur relativ ist.

Der Geist ist es, der dem Körper das Leben gibt und ihn trägt. Das meinen wir, wenn wir sagen, der Geist sei wesentliche Realität und die Materie nur Nebensache bzw. relative Wirklichkeit. Mit anderen Worten: Dein Geist ist das wirkliche „du", die eigentliche Person. Deshalb ist jemand, der *ein* Geist mit dem Herrn ist, in seinem tiefsten Wesen bei Christus im Himmel. Während der Leib hier ist, ist das wahre Wesen dort. Ein Körper kann nicht zur gleichen Zeit an verschiedenen Orten sein, im Gegensatz zum Geist, der nicht so begrenzt ist. Daß die, die mit dem Herrn verbunden sind, *ein* Geist mit ihm sind, heißt, so meine ich, daß die Gemeinde mit dem erhöhten Christus erhöht ist und mit ihm auf dem Thron sitzt.

2. Dieser oder der folgende Abschnitt soll keinesfalls so aufgefaßt werden, als habe der Sünder nicht volle Verantwortung für seine eigene Errettung. Die Verantwortung der Gemeinde endet mit ihrer Treue in der Fürbitte. Nur der Heilige Geist weiß, wann jener Punkt erreicht ist. Der Sünder ist voll verantwortlich. Die Pflicht der Gemeinde ist durch das Prinzip des freien Willens begrenzt.

3. Der Begriff „freier Wille" wird hier nicht in seiner absoluten Bedeutung benutzt, denn nur Gott ist absolut „frei". Aber obwohl der Wille des Menschen durch den Sündenfall verzerrt ist, ist er immer noch für seine Entscheidungen verantwortlich.

4. Bei der Auslegung von Johannes 20,23 gibt es unterschiedliche Auffassungen: „Welchen ihr die Sünden erlasset, denen sind sie erlassen; und welchen ihr sie behaltet, denen sind sie behalten." Es schockiert uns fast, daß Jesus die Autorität über Sündenvergebung an die Jünger und also an die Gemeinde delegiert. Aber das ist tatsächlich so, und zwar in ganz realem Sinne. Durch Ausübung ihrer gottgegebenen Autorität, durch Gebet und Glauben, eröffnet die Gemeinde dem Heiligen Geist die Möglichkeit zu überzeugen und zu werben. Als Antwort auf die gläubigen Gebete der wahren

Gemeinde oder ihrer Glieder wirkt der Geist und führt den Sünder dahin, daß er freiwillig Buße tut und an Gottes Vergebung glaubt. Und Gott, der allein Macht hat, Sünden zu vergeben, nimmt die eigentliche Lossprechung vor. Da dies jedoch nur als Ergebnis der Mühen der Gemeinde stattfindet, ist sie wirklich an der Absolution beteiligt. Deshalb konnte Jesus den Jüngern und also auch einer heiligen Gemeinde sagen: „Welchen ihr die Sünden erlasset, denen sind sie erlassen; und welchen ihr sie behaltet, denen sind sie behalten." In einem ganz realen Sinne liegt dann die Verantwortung für die Absolution in den Händen einer sich mühenden Gemeinde, eher als in denen eines Priesters, der diese Autorität vielleicht für sich in Anspruch nimmt.

5. Im Alten Testament galt Israel als die Ehefrau Jahwes. Obwohl das Hochzeitsmahl des Lamms noch nicht gefeiert wurde, ist es wohl nicht unangebracht, die Gemeinde, da sie geistlich das neue Israel ist, als Erbin dieser Ehe-Beziehung zu sehen. „Also seid auch ihr, meine Brüder, getötet dem Gesetz durch den Leib Christi, damit ihr einem andern angehöret, nämlich dem, der von den Toten auferweckt ist, auf daß wir Gott Frucht bringen" (Römer 7,4). Damit ein neues Leben in die menschliche Familie kommen kann, ist es erforderlich, daß zwei Personen übereinstimmen und kooperieren: der liebende Vater und die selbstlose Mutter. Und dieses Leben kommt nicht ohne Mühen zur Welt. Wenn man über diese Parallele nachdenkt, müssen der Vater und die Gemeinde einverstanden sein und zusammenarbeiten, um Seelen in die Familie Gottes zu gewinnen. Und auch diese können nicht ohne Mühe von neuem geboren werden. *Es gibt kein einfaches Seelen-Gewinnen.* Und ohne Kooperation der sich mühenden Gemeinde ist das Wirken des Geistes uneffektiv. Er hat es selbst so entschieden: Der Geist allein kann keine einzige Seele zur Geburt bringen. Beide müssen zusammenarbeiten. Die Rolle der Gemeinde ist ebenso nötig wie die Rolle des Geistes. „Der Geist *und* die Braut sagen: Komm!"

6. Anm. des Verlages: Der Autor bedient sich an dieser Stelle der amerikanischen Living Bible. Diese Übersetzung hat an dieser Stelle eher Menschen im Blick, gegen die sich diese Waffen richten („*With these weapons I can capture rebels, ...*“), während die deutschen Bibelübersetzungen i.d.R. auf die „Gedankengebäude, Ideologien“ abstellen.

Kapitel 5
Die Rechtsgültigkeit der Vollmacht der Gemeinde

1. Dies steht nicht im Widerspruch zu Joh 8,44. In 1 Joh 3,15 lesen wir: „Jeder, der seinen Bruder haßt, ist ein Mörder“ (Einh). In diesem Sinn war Satan von Anfang an ein Mörder, vom gerichtlichen Standpunkt aus wurde er es jedoch erst, als er Jesus umbrachte.

Kapitel 6
Christi überwältigender Sieg

1. Hiob 1,9-12 offenbart uns, daß Satan ohne Gottes Einverständnis uns nicht anrühren kann. Er ist vollkommen unter Gottes Kontrolle. Nur wenn die göttliche Liebe es zuläßt, hat Satan Zutritt zu einem Kind Gottes. Nachdem der Gläubige aber geprüft ist, empfängt er immer „doppelt soviel“ Segen wie zuvor (Hi 42,10).

Kapitel 7
Das Geheimnis nichterhörten Gebets

1. Über die Erweckung, die 1965 auf der indonesischen Insel Timor entstand, gibt es gegensätzliche Berichte. Glaubwürdigen Beobachtern zufolge wurde vieles übertrieben. Manche dagegen bestehen darauf, daß praktisch jedes Wunder, das die Gemeinde des ersten Jahrhunderts charakterisierte, sich in unserer Generation un-

ter denen wiederholt, die einfach „glauben und nicht zweifeln". Nach Augenzeugenberichten sind etliche Analphabeten zu Instrumenten für die herrlichen Wunder, von denen die Bibel berichtet, geworden. Dies ist eine Bestätigung für die Worte Jesu: „Ich preise dich, Vater und Herr Himmels und der Erde, daß du solches den Weisen und Klugen verborgen hast und hast es den Unmündigen offenbart" (Lk 10,21). Welcher Segen mag uns verloren gehen aufgrund unserer religiösen Blasiertheit, die den echten Glauben lähmt?!

Kapitel 8
Schwierigkeiten im Glaubensleben

1. Die Macht des Lobpreises illustriert ein dokumentarisch belegtes Ereignis, das sich in der Nähe von Holton, Ripley County, Indiana (USA), ereignete. Am Ende eines Gottesdienstes, bei dem ich über dieses Thema sprach, wurde mir die Geschichte von einer älteren Dame erzählt. Sie hatte sie von der Cousine ihres Mannes gehört, die in diesem Ort wohnte und die Einzelheiten selbst kannte: Ein Evangelist wollte einmal in einer Gemeinde eine Evangelisation durchführen. Um beim Gebet und der Meditation allein zu sein, ging er auf eine nahegelegene Wiese. Er hatte nichts von dem gefährlichen Stier in jener Gegend gewußt, bis er sich ihm gegenübersah. Als der Stier ihn angreifen wollte, konnte er sich nicht mehr in Sicherheit bringen. Er wußte nicht, was er machen sollte, und dachte schon, sein Ende sei gekommen. Aber noch bevor das aufgebrachte Tier ihn erreichte, rief er aus: „Preist den Herrn!" Der Stier blieb wie angewurzelt stehen, drehte sich schnurstracks um und floh.

Welche Erklärung gibt es dafür? Der Schreiber meint, daß Satan böse Mächte in dieses Tier schickte und es aufhetzte, diesen Mann Gottes anzugreifen, um eine Erweckung zu verhindern. Der Lobpreis jedoch besiegte die bösen Mächte, die in dem Stier wohnten, auf dieselbe Art, wie der Chor die finsteren Mächte geschlagen hat, die Israels Feinde motivierten.

2. Bekanntermaßen stellt die Gruppe der Pfingstgemeinden die am schnellsten wachsende Bewegung innerhalb der christlichen Gemeinschaft dar. Üblicherweise führen Pfingstler dieses rapide Wachstum auf ihre lehrmäßigen Besonderheiten, nicht zuletzt auf ihre Betonung der Glossolalie, des Zungenredens, zurück. Dies wird als erstes Zeichen einer Erfüllung mit dem Heiligen Geist angesehen.

Viele außerhalb und manch einer in der Bewegung äußern an diesem Punkt Bedenken. Welche Position man aber auch einnehmen mag, es läßt sich nicht leugnen, daß die pfingstlich-charismatischen Kreise für unsere Zeit und den heutigen Tag die Bedeutung und Kraft des Lobpreises wiederentdeckt haben. Der allgemeinen Gottesdienstordnung mit ihrem Gemeindegesang, öffentlichen Gebet und einer Botschaft über das Evangelium haben sie etwas Gleichwertiges hinzugefügt: eine Zeit gemeinsamer Anbetung und hörbaren Lobpreises. Fast immer wird an einer Stelle des Gottesdienstes (normalerweise vor der Predigt) eine Zeit eingeräumt, in der es nur darum geht, den Herrn zu loben und anzubeten. Auf ein Zeichen, das normalerweise der Pastor gibt, hebt die ganze Gruppe die Hände zum Himmel und beginnt, Gott mit aufgehobenen Gesichtern zu loben und anzubeten. Das ist nichts Subjektives, kein Versuch, sich um der Erregung willen in emotionale Ekstase zu versetzen. Aber der objektive Vorstoß, gemeinsam den zu loben und anzubeten, der allein würdig ist, resultiert oft in einer Ausgießung der Gegenwart des Heiligen Geistes – was nicht weniger als himmlisch ist, denn es spiegelt den Lobpreis der himmlischen Heere wider.

Meiner Meinung nach ist dieses durch und durch biblische Programm des *gemeinsamen Lobpreises einer Gruppe* verantwortlich für die Wachstum dieser Bewegung, mehr als die besonderen Betonungen in der Lehre. Unabhängig von der Einstellung zu Zungenrede gibt es nichts, was irgendeine Gruppe daran hindern könnte, die schriftgemäße Praxis des gemeinsamen Lobpreises zu übernehmen. Die Gemeinde im Ganzen sollte ernsthaft darüber Buße tun, daß sie die überwältigenden Aussagen der Schrift zum Thema Lobpreis nicht verstanden hat, und Gott für die danken, die bei seiner Wiederentdeckung mitwirken.

3. Es gibt keine schlechten Nachrichten! Jemand sagte einmal, daß es so etwas wie „schlechte Nachrichten" für einen bibelgläubigen Christen nicht gebe. Es gibt nur „neue Herausforderungen an unseren Glauben". Wenn wir geistlich wachsen, kann Gott uns größere Probleme aufbürden! Unser Lauf ist ein „Hindernisrennen" von der Bekehrung bis zur Entrückung. Wenn Gott unser Gebet erhört und uns den Sieg schenkt über kleinere Hindernisse, die Satan uns in den Weg legen durfte, läßt Gott uns auf ein wenig größere Hindernisse stoßen; das sind dann sozusagen „Gottes Hürden". Wer hat jemals von einem Athleten gehört, der beim Training für ein Hindernisrennen seinen Trainer gebeten hätte, die Hindernisse wegzuräumen? Gott hat wunderbare Belohnungen für die Überwinder verheißen. Wie aber können wir jemals Überwinder werden, wenn es nichts zu überwinden gibt?

Laßt es uns für alle, die uns sehen, (zur Ehre Gottes) sichtbar machen, daß, wenn wir eine „schlechte Nachricht" erhalten, unser Glaube an Römer 8,28 und Epheser 1,11 real ist. Laßt uns sofort beginnen, dem Herrn dafür zu danken, daß er groß genug, mächtig genug und liebevoll genug ist, sich um unsere Bedrohungen zu kümmern. Er wird es in einer solchen Weise tun, daß es seinem Namen zur Ehre gereicht, wenn wir überwunden haben.